揉めない
損をしない

プロが教える相続の手続きと対策のすべて

【監修】

税理士 石渡芳徳
弁護士 藤原寿人
行政書士 長尾影正

加納敏彦 お金と保険の専門家

税理士 藤井幹久
司法書士 村山澄江
FP 飯田晃生

きずな出版

「普通」の家族ほど相続で揉める、悲しい現実

▶「うちには、相続税は関係ない」は大きな誤解!

「相続対策」と聞いて「それはお金持ちがするものでしょ。うちは関係ない」と思った方はいませんか? 実はそれは誤解であり、大きな落とし穴になりかねないので注意が必要です。**少し詳しい方だと「うちは相続税はかからないから大丈夫」と思うかもしれません。**

しかし、相続対策とは、相続税の「節税」の対策だけではありません。後で解説する4つの対策の1つにすぎないのです。

税金を中心に相続対策を考えてしまうと家族の関係が悪くなり、最悪の場合は、家族がバラバラになってしまうこともあります。実際にあった例を見てみましょう。

 税金ありきで対策して、家族がバラバラになった例

ある家族では、父親が生前に相続税をできるだけ減らすために、長い期間をかけて特定の子どもとその家族にだけ、生前贈与をしました。しかし、その過程で、ほかの子どもたちに十分な説明をしなかったため、強い不公平感が生まれました。
父親が亡くなった後、残された家族は財産の分け方で激しく対立し、最終的には裁判にまで発展してしまいました。

このような例は珍しくありません。税金を安くすることばかりに目を向けた結果、家族の絆が失われてしまっては本末転倒です。

一方で、相続対策を適切に行ったことで、相続を円満に進められた例もあります。

適切に対策して、円満に相続ができた例

ある家族では、父親が生前に遺言書を作成しました。
そのとき、専門家のアドバイスも取り入れて、どんな想いで財産をなぜそう分けたのかを、遺言書の「付言事項」で伝えました。
そうすることで、それぞれの子どもたちもその分け方に納得できたのです。
その結果、父親が亡くなった後も家族の絆は強く保たれ、相続はとてもスムーズに行われました。

このように適切な対策をすることで、家族全員が満足する結果に導くこともできるのです。
相続対策は、家族の将来を見据えて慎重に行う必要があります。**税金を減らすことも大切ですが、それ以上に大切なのは家族の絆を守ることです。**
相続の基本の知識を知り、適切な専門家に相談することで、家族全員が納得できる形で相続を進めやすくなります。
「うちは相続税はかからないから大丈夫」という誤解に気づいて、早めに相続の対策を始める。それが家族の幸せを守るための最初の一歩なのです。

▷ 資産が少なくても相続争いは起こる

そして、今紹介した2つの例は財産が多いか少ないかは関係ありません。**家族が揉めるのは財産の大小ではなく「分け方」だから**です。だから**相続争いは、お金持ちだけでなく、すべての家族で起こりうる**のです。
たとえば、相続争いの調停や審判の33%が相続財産1,000万円以下、75%が5,000万円以下の遺族間の揉めごとなのです（司法統計

年報より）。この事実は「普通」の家庭が相続の分け方で不満を募らせ、争いにまで発展させてしまう悲しい現実を示しています。

▷ 自宅しか財産がないと特に揉めやすい

　特に揉めやすいのは、親が残した自宅を子どもたちでどのように分けるかが悩ましいケースです。現金や預貯金ならば簡単に分けられますが、自宅などの不動産はそう簡単にはいきません。

　さらに、感情的な問題も絡み合い、争いが激しくなる原因となりえます。

「思い出の家だから売りたくない」
「売って現金にして、平等に分ければいい」
「私が同居して介護もしたのだから、私が継ぐべきだ」

　このように、いろんな立場からの感情が入り混じることで、冷静な話し合いが難しくなってしまうのです。

　相続財産の中に、不動産よりも多くの現金や預貯金があれば、少しはスムーズに分けられるかもしれません。

　しかし、相続財産のほとんどが自宅というケースも多いです。その場合は、相続税がかからなくても揉める火種になりかねません。

　このように相続対策は、財産の大小にかかわらず、分け方や家族の感情までを考慮にいれて準備しなければならないのです。

▷ 相続はなぜ「争続」になってしまうのか？

　相続はとても争いになりやすいため「争続」と書かれることがあります。なぜ相続は、そう書かれるほど揉めたり争いになったりしやすいのでしょうか？　理由は多岐にわたりますが、主なものは3つあると私は考えています。

4

①相続は家族の感情が複雑に絡み合うから
②専門的な知識が必要で、ストレスになりやすいから
③立場によって意見が異なり、対立しやすいから

　家族それぞれが異なる期待を持っていたり、自分の貢献度を高く評価したりすることがあります。

　たとえば「私は財産を他の人より多めにもらってよいはずだ」と思った場合、それは主観的な感情も強く影響しています。このようなとき、誰もが納得できる形で、客観的に金額で評価するのは難しいのです。

　こうしたケースでは、誰がどれだけの財産を受け取るべきかという問題がややこしくなり、揉めやすくなります。

▶ 家族で話し合うなら、亡くなった「後」より亡くなる「前」

　相続対策の話し合いが円満に進めば、誰にとっても幸せです。しかし、相続が「争続」になりやすいという現実も実際にあるのです。

　相続対策は、話し合ったからといって、スムーズに進むとは限りません。話し合いをすることで、それぞれの関係者の気持ちや意見が、あまりにも対立していることが初めてわかるかもしれません。

　でも、もしも家族で話し合うとしたら、財産を残す方が「亡くなった後」よりは「亡くなる前」の方がいいのです。それには大きな理由が３つあります。

①財産を残す人の意思が直接、確認できる
②生前なら親がいる状態の子どもたちが冷静な話し合いをしやすい
③必要な対策が早く打てる

　本書では、相続の話をいつどのように切り出し、話し合いを進め

【はじめに】　5

ていくかの具体的な方法も7章で紹介しています。参考にしていただき、家族間での円満な相続を実現してほしいと願っています。

▶ 相続は、自分や家族だけで解決するのは難しい

このように相続は、話し合うのも対策を考えるのもとても難しいのです。だから、相続の問題を自分たちだけで解決しようとするのは、お勧めしません。

その理由は、相続には多くの法律や税金の知識が必要であり、さらに家族間の感情が複雑に絡み合うからです。そのため**対策を考えるときには、信頼できる相続の専門家に早めに相談することをお勧め**します。

▶ 相続の専門家へ早めに相談しよう

相続の専門家に早めに相談することは、たくさんのメリットがあります。たとえば、相続税の対策や遺産分割の方法など、事前に知っておくべきポイントを詳しく教えてもらえます。また、当然ですが、相続対策の効果的な方法をたくさん知っています。

これらの方法を駆使することで、相続税の負担を軽くしたり、家族間のトラブルを未然に防いだりすることもできます。

専門家に相談することで、自分たちだけでは考えつかなかった解決策が見つかることも多いのです。本書を参考にして早めに動き出し、専門家の力を借りることで、よりよい相続を実現しましょう。

相続は、家族の関係をより深める機会にもなります。本書をきっかけに、家族の絆がより強くなり、円満な相続が実現できることを心から願っています。

はじめに 「普通」の家族ほど相続で揉める、悲しい現実 …… 002

第1章
「相続」「相続税」とは、そもそも何だろう？

1-1 相続って何？ なぜ今から考えたほうがいいの？ …… 014
1-2 「相続対策＝相続税の節税対策」ではない！ …… 016
1-3 「基本のルール」を知るだけでトラブルは防げる！ …… 020

ルール❶
遺言書があるかがとても重要 …… 021

ルール❷
遺言書がないと相続人が財産を受け継ぐ …… 023

ルール❸
法定相続分は目安にすぎない …… 025

1-4 相続税とは何だろう？ …… 026
1-5 相続税は、どうやって計算する？ …… 028
1-6 「小規模宅地の特例」が使えるなら使おう …… 032
1-7 「二次相続」まで見越してより賢い節税をしよう …… 034

相続税Q&A
● 相続税がかかる財産にはどんなものがありますか？ …… 036

第2章

「遺言書」を正しく残せば
トラブルは未然に防げる

2-1 遺言は、なぜ作るといいの? ……………………………… **038**

2-2 遺言書の3つの種類を知ろう ………………………………… **042**

2-3 「自筆証書遺言」の正しい書き方を理解して
落とし穴に注意しよう ………………………………………… **043**

2-4 「公正証書遺言」を正しく理解して落とし穴に注意! ……… **049**

2-5 遺言書の作成を専門家にお願いするといくらかかる? …… **052**

2-6 「揉める遺言書」「揉めない遺言書」の違いはここ! ……… **054**

遺言書Q&A

●よく聞く「エンディングノート」とは? 遺言とどう違う? ……… **059**

●相続人以外の第三者に財産を残したいときは? ………………… **060**

第3章

病気の人でも使える!
意外と知らない「生命保険」の活用法

3-1 生命保険は、相続対策と相性がいい! …………………… **062**

3-2 病気や高齢でも活用できる真に役立つ生命保険とは? …… **064**

3-3 子どもが独立したら「家族を守る」保険から
「老後資金」「相続」対策の保険へ …………………………… **068**

3-4 健康状態がよい場合は「最強の生命保険」で相続対策! …… **071**

3-5 生命保険の相続対策テクニックをフル活用しよう ………… **074**

生命保険Q&A

●障がいを持つ子どもがいる親ができる相続対策はある? ……… **079**

●生命保険信託って何? どんな人に役立つの? ………………… **080**
●会社の経営者にも、死亡退職金で
　相続税の非課税の限度額はある? ………………………………… **080**

第4章
名義預金は危ない!「生前贈与」は正しく行おう

4-1 生前贈与をすると、なぜ節税になる? …………………… **082**
4-2 贈与税って何?「暦年課税制度」とは? ………………… **084**
4-3 「相続時精算課税制度」とは?
　　 暦年課税制度とどっちがいい? ………………………… **088**
4-4 生前贈与が「名義預金」と見なされないように注意しよう **094**
4-5 贈与税がかからない「6つの贈与」を賢く使おう ……… **100**

贈与税Q&A
●「贈与税」と「相続税」はどんな関係にありますか? ……… **102**

第5章
「不動産」での相続対策は落とし穴がいっぱい!

5-1 なぜ相続対策で「不動産」が大切なのか? …………… **104**
5-2 自宅をどうするかを考え始めよう …………………… **107**
5-3 不動産会社・ハウスメーカー・銀行の
　　 「甘い節税トーク」に乗ってはいけない ………………… **113**
5-4 相続登記の義務化に対応しよう ……………………… **117**

不動産Q&A

●相続した土地を国が引き取ってくれるのですか？ ……… **120**

第**6**章

「認知症」と診断される前が
相続対策のラストチャンス！

6-1 認知症の症状が出る前に対策しないと手遅れになることも — **122**

6-2 認知症や介護が必要になったら
「自宅を売ればいい」は大間違い ……… **125**

6-3 認知症で判断能力が低下したら
「成年後見制度」を使うしかない ……… **127**

6-4 認知症になる前に「家族信託」を検討しよう……… **131**

家族信託Q&A

●自分が亡くなった後も、家族信託なら
知的障がいのある子どもを守れる？……… **136**

第**7**章

相続の話を親に切り出すための
㊙テクニック

7-1 家族で相続争いをするのは人生で最大の不幸……… **138**

切り出す方法❶

両親が、自分の親を見送ったときのことを聞く……… **141**

切り出す方法❷

帰省したときに「この家は誰が建てたの？」
「この家を誰に継いでほしいの？」と聞く……… **143**

切り出す方法❸

年齢の近い人から話を切り出してもらう ……………… 145

切り出す方法❹

親とテレビを見たり話したりしていて
「人が亡くなった話題」のときに切り出す ……………… 147

切り出す方法❺

「相続税がいくらかかりそうか」を親に聞いてみる ……………… 149

切り出す方法❻

生命保険会社の担当者から伝えてもらう ……………… 151

切り出す方法❼

相続対策のセミナーに参加して、その資料を渡す ……………… 153

7-2 両親と早めに話し合いたい3つのテーマ ……………… 155

親との会話Q&A

● 親が感情的になってしまったときは、どうしたらいい？ ……………… 159

● 自分も感情的になってきたら、どうしたらいい？ ……………… 159

● 相手が聞く耳を持たないときは、どうしたらいい？ ……………… 160

● 相続対策で、一番大切なことは？ ……………… 160

（付 録）

円満な相続を実現するための「信頼できる専門家」の見つけ方

最初に相談すべきはこの専門家！ ……………… 162

相続に詳しい専門家の見分け方 ……………… 165

弁護士 ♣ 揉めごとを「法律」で解決するプロ

揉めそうなときや財産の分け方で頼ろう ……………… 168

税理士 ♣ 相続税などの「税金」のプロ

申告が必要そうなら、すぐに相談しよう ……………… 171

司法書士♣身近な「法律」の専門家で「不動産登記」のプロ

財産に不動産がある人や法律相談で頼ろう ································ **173**

行政書士♣「行政に出す書類作り」のプロ

遺言書など相続全般の書類作成で頼ろう ····························· **175**

生命保険会社の担当者♣「相続対策用の生命保険」を

検討したい人は早めに相談しよう ································· **177**

おわりに　後悔しないように、今こそ一歩を踏み出そう ··············· **179**

※本書における情報は、あくまで情報の提供を目的にしたものであり、いか
　なる相続対策や節税などの推奨・勧誘を行うものではありません。
　本書における内容は、2024年8月1日時点の情報であり、法律・制度な
　どは予告なく変更になる場合があります。本書の情報については細心の
　注意を払っていますが、正確性や完全性を保証するものではありませ
　ん。各手続きや制度などの詳細については、各行政機関や専門家に直
　接、お問い合わせください。
　この本の情報を利用した結果として何らかの損失が発生したとき、著
　者・協力者および出版社は、理由のいかんを問わず、一切の責任を負
　いません。相続に関わる最終決定は、ご自身の判断でお願いします。
※本書では、相続の法律用語などを一部、わかりやすく表現し直していま
　す。正しい用語が知りたいときは、各行政機関などでお確かめください。

第 1 章

「相続」
「相続税」とは、
そもそも何だろう?

　相続や相続税について考えようとすると、多くの方が
戸惑います。専門用語や法律用語が多く、とても難しく
感じてしまうのです。

　第1章では、まず「相続」とは何か、誰が相続人な
のか、そして「相続税」の基本的な仕組みについて、
わかりやすく解説します。

　大切な財産をどう守り、次世代にどのように受け継げ
ばいいのかを一緒に考えていきましょう。

相続って何？なぜ今から考えたほうがいいの？

　相続のことを学ぼうとするとき、最初につまずくことがあります。それは「相続」「相続人」「被相続人」という言葉がわかりにくいことです。まずはここから解説します。

▶「相続」とは、亡くなった方の財産を受け継ぐこと

　一言でいうと**「相続」とは亡くなった方の財産を受け継ぐこと**です。この財産には、不動産や現金、株式、さらには宝石や絵画など、さまざまなものが含まれます。
　相続は、民法という法律で定められていて、法的な手続きに基づいて行う必要があります。だから、どういうルールになっているのかを押さえて、正しい対策や手続きをすることが大切になります。

➡P20 基本ルール

▶「相続人」「被相続人」とは？

　そして**「相続人」とは、亡くなった方の財産を受け継ぐ立場の人**を言います。誰が相続人になるのかも法律で決められています。
「被相続人」とは、財産を残す人です。「被」という漢字は、その行為をこうむる（身に受ける）という意味です。だから被相続人は、相続という行為を身に受ける人、つまり**亡くなった人**を指します。
「被相続人」と表記すると難しく感じる方が多いです。そこで本書ではできるだけこの言葉を使わずに「亡くなった方」「財産を残す方」などという言葉で説明します。

▶ 重要なのは財産を残す方の意思を尊重すること

相続で大切なことは何でしょうか？

それは、財産を残す人の意思が尊重されることであると私は考えています。

財産をどのように分けるか、誰にどれだけ残すか。それは、究極的には残す人の自由です。それは私たちが、自分のお金をどのように使ってもいい自由があるのと同じです。

そして、**財産を残す人の意思は遺言書に書くことで明確に伝えることができます。**だから相続の対策において、遺言書作りはとても大切になります。

➡《第2章》遺言書

▶ 遺言書こそスムーズな相続のキーアイテム

財産を残す立場の方は、本書を参考に遺言書をぜひ書いてください。財産を相続する立場の方も、本書で勉強して遺言書を書いてもらいましょう。

相続が起きたときに遺言書がないと、相続人全員の話し合いで分け方を決めることになります。すると、相続人の間で利害が対立したり、いろいろな気持ちの人がいたりするので、話し合いがスムーズにいかないことも多いのです。

ある
意思が明確だから
スムーズにいきやすい！

遺言書

ない
対立などで揉めることが多い

【第1章】「相続」「相続税」とは、そもそも何だろう？　15

「相続対策＝相続税の節税対策」ではない！

　相続対策について考えようとすると、多くの人が「相続税の節税対策」をイメージします。しかし、相続対策はそれだけではありません。実は、相続対策には大きく分けて4つの種類があります。

　それぞれがどのような対策なのかを知ることが、トラブルを未然に防ぐ第一歩です。本書で具体的に説明しますが、ここでは概要をつかみましょう。

▶ 相続対策は4つある

1	2	3	4
分割対策	**節税**対策	**納税**対策	**承継**対策
財産をどう分けるか？	税金をどう減らすか？	税金をどう納めるか？	財産をどう受け継ぐか？

▶ 分割対策は、全員の「納得感」を重視しよう

　まず、相続の分割対策について説明します。これは**財産をどのように分けるかを決める対策**です。相続が起きたとき、何も準備をし

ていないと、残された財産をめぐって家族の間で争いが起こること
が少なくありません。

　このような不毛な争いを防ぐために、**財産をどのように分けるの
かを生前から考えて計画する**ことが大切です。また、財産を残す人
と相続する人、どちらの納得感も大切です。

　納得できる分け方を考えるために、**相続対策の目的から考えてみ
ましょう。**
　たとえば以下のような目的が考えられます。

●残された家族がとにかく揉めないようにしたい
●財産を公平に分けたい
●特定の人にできるだけ多く財産を残したい
●相続税をできるだけ減らしたい

　目的によって、分け方も変わります。
　目的に沿って分け方を考えたら、遺言書などで意思を明確に残し
ます。生前に、受け継ぐ人にその意思を伝えられたら理想的です。

▷ 節税対策は、相続税の金額を適切に減らすこと

　次に節税対策です。相続税は財産が一定額を超えるときに課され
ますが、その**税金の額を減らすための対策が節税対策**です。
「節税」と「脱税」を同じように考えてしまう方がいるので、補足
します。
　不正な違法行為が「脱税」です。これはもちろんしてはいけませ
ん。しかし、**法律で認められた適切な税金の減らし方があります。**
　これを「節税」と本書では呼んでいます。

【第1章】「相続」「相続税」とは、そもそも何だろう？　　17

たとえば、**生命保険や生前贈与の無税の枠などを活用することで、相続税の負担を合法的に軽くすることができます**（第3章と第4章で解説します）。

　ただし「はじめに」でも触れたように、節税対策ばかりに気を取られて家族関係を悪化させることがないように、バランスを考えることが大切です。

▶ 納税対策のために、現金を確保しよう

　3つ目の納税対策は、相続税をどのように納めるかを計画することです。相続税は現金での支払いが基本です。

　不動産などすぐに現金化しにくい財産を中心に相続すると、納税のための現金が不足してしまい、納税が困難になります。

　そうならないように、納税に必要な資金をどのように準備するかを事前に考えておくことが大切です。これが「納税対策」です。

▶ 承継対策は、財産をどう受け継ぐかまで考えること

　最後に承継対策です。これは、あまりなじみのない言葉ですが、**財産をどのように受け継ぐかを考え準備すること**です。財産を単に分けるだけでなく、どのように受け継ぐかまで考えることで、財産が次世代にスムーズに引き継がれるようにすることが目的です。

　特に、**家業や事業を引き継ぐケースでは、後継者を早い時期から選んで育成することが大切になります。**例を挙げて解説します。

承継対策の例

ある家族が農業を営んでいたとします。長男が農業を引き継ぎたいと希望し、ほかの兄弟は農業に興味がないとき、以下のような承継対策を考えます。

● **長男に、農地と農業に必要な機械を相続させる**

長男が農業を続けられるように、農地と農業に必要な機械を相続させます。そして、両親が生前に長男に農業の技術を教えます。また、農業を行うにあたって会社を設立して会社が農業を行っているときは、その会社の株式を生前贈与します。

● **ほかの兄弟には現金を相続させる**

このとき、現実的には現金がほとんどないということも起こります。そのときに、兄弟間で不満が出ないように、兄弟に渡す現金を事前に準備しておくことも必要になります。

このように、財産を引き継ぐ人がそれをどのように管理し、活用するかを考えるのが承継対策です。

承継対策がしっかりしていれば、財産（事業）が次世代に円滑に引き継がれます。でもこれを怠ると大切な事業が途絶えてしまうかもしれません。とても大切な対策です。

▷ 4つの対策をしっかり準備してトラブルを回避!

これらの4つの対策を総合的に考えることで、相続に関するトラブルを未然に防ぎ、家族が円満に財産を受け継ぐことができます。
ここでは**相続対策は「節税対策」だけではなく、トータルで考える必要がある**ということを押さえましょう。

1-3 「基本のルール」を知るだけでトラブルは防げる!

　相続対策が４つあることを押さえたら、次は相続の「基本のルール」を理解しましょう。相続は法律に沿って行う必要があるので、明確なルールが存在するのです。ルールを知ることで、多くのトラブルを未然に防ぐことができます。

　ここでは、特に大切な３つの基本ルールについて説明します。まず概要をご紹介してから、説明していきます。

▶ 3つの基本ルール

ルール❶	ルール❷	ルール❸
遺言書があるかがとても重要	遺言書がないと相続人が財産を受け継ぐ	法定相続分は目安にすぎない
遺言書 ある？ ない？		子どもがいる場合 配偶者1/2 その他は残り1/2を人数で分ける

　３つの重要なルールがわかったところで、次の項から、それぞれについて詳しく見ていきましょう。

ルール①

遺言書があるかがとても重要

　１つめのルールから解説します。遺言書があるかどうかによって、相続の手続きの流れが大きく変わるのです。

▷「遺言」とは亡くなった後の考えを示すこと

「遺言」は一般的には「ゆいごん」と読みます。亡くなった後のことを、生前のときに言い残すという意味です。

　法律の用語では**「いごん」**と読みます。**法律（民法）的に有効になるように、亡くなった後のことについて考えを示す**という意味です。法律に則って正しく書かれた遺言書は、法律上の効果があります。

▷ 遺言書があれば、その通りに分けるのが基本ルール

　法律上の効果があるので、遺言書はとても大切です。**遺言書を残せば、基本的にその内容の通りに財産を分けられるから**です。

　反対に遺言書がないと、相続人全員の話し合いで財産を分けることになります。しかし、立場や気持ちが異なる場合が多く、話し合いで相続人同士が揉めることも少なくありません。

▷ 揉める理由は「全員の同意」が必要なため

　相続には全員の同意が必要なので、話し合いが長期化してしまうケースも多々あります。

　つまり**遺言書があるかないかで相続手続きの流れが大きく変わります。**だから、遺言書はとても重要なのです。

【第1章】「相続」「相続税」とは、そもそも何だろう？　21

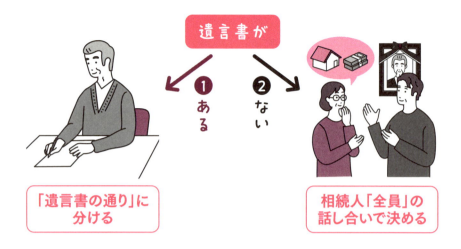

▷ 正しい遺言書の作成が円満な相続につながる

　遺言書を正しく作ることで、財産をどのように分けるかを明確に示すことができます。そうすることで残された家族が揉めたり争ったりすることを未然に防ぎやすくなるのです。
　遺言書の書き方や注意点については、第2章で解説します。
　ここでは、相続において、遺言書がとても大切になるということを押さえましょう。

遺言書が円満な相続への近道！

ルール❷

遺言書がないと相続人が財産を受け継ぐ

2つめは、誰が相続するかについてのルールです。

▷ 相続人に誰がなるかは、法律で決められている

亡くなった方の財産を引き継ぐ**相続人は、法律で決められた人に限られる**というルールを押さえておきましょう。相続人が誰になるかは、法律（民法）で細かく定められています。法律で定められた相続人を「法定相続人」と言います。

法定相続人は、基本的には配偶者と子どもです。子どもがいないときは、亡くなった人の両親や兄弟姉妹などになります。

▷ 法定相続人になる順番を知ろう

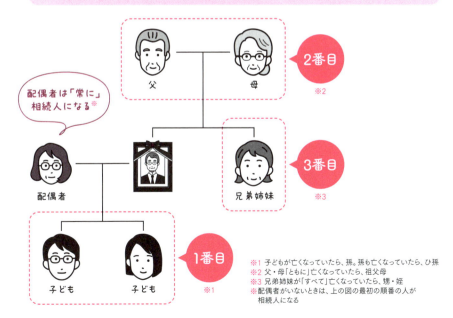

※1 子どもが亡くなっていたら、孫。孫も亡くなっていたら、ひ孫
※2 父・母「ともに」亡くなっていたら、祖父母
※3 兄弟姉妹が「すべて」亡くなっていたら、甥・姪
※ 配偶者がいないときは、上の図の最初の順番の人が相続人になる

【第1章】「相続」「相続税」とは、そもそも何だろう？

▶ 法定相続人ではない人に残したいときは対策が必要

　法定相続人以外の人（孫や甥・姪、子どもの配偶者やお世話になった人など）に財産を残したいという相談をいただきます。
　その場合は、事前に手を打っておく必要があります。たとえば

●遺言書を書いて遺贈する
●生命保険の受取人に指定して残す
●生前に贈与をする

　などが考えられます。具体的な方法は第２～４章で解説します。
　ここでは、基本ルールとしては法定相続人にしか財産が残せないこと、それ以外の人に残したいときは事前の対策がいることを押さえましょう。

ルール❸

法定相続分は目安にすぎない

最後は、相続財産の分け方のルールについて解説します。

▷ 法定相続分とは、財産を分けるときの目安

ルール①で「遺言書がないと、相続人全員の話し合いで財産を分ける」と書きました。つまり、遺言書がなければどう分けてもいいのです。しかし、それだと目安がなく話し合いがしにくくなります。

そこで、**法律（民法）で、財産を分けるときの目安が定められています。**この目安を**「法定相続分」**と言います。

■ 法定相続分

ケース	配偶者の割合	その他の相続人
子どもがいる[※1]	配偶者 1/2	1/2を人数で分ける
子どもがいなくて 父・母がいる[※2]	配偶者 2/3	1/3を人数で分ける
子ども、父・母などがいなくて、 兄弟姉妹がいる[※3]	配偶者 3/4	1/4を人数で分ける

※1 子どもが亡くなっていたら、孫。孫も亡くなっていたら、ひ孫　　※2 父・母「ともに」亡くなっていたら、祖父母
※3 兄弟姉妹が「すべて」亡くなっていたら、甥・姪　　※配偶者がいない場合は、上の表のその他の相続人で全額を人数で分けます

この割合は覚えておきましょう。でも**この割合はあくまで目安にすぎない**ことも同時に押さえましょう。「こう分けなければいけない」と勘違いしやすいところなので注意が必要です。

このように、相続の基本のルールを知っておくだけで、勘違いからくるトラブルを避けることができます。

次の項では、相続税の基本について解説します。

【第1章】「相続」「相続税」とは、そもそも何だろう？　25

相続税とは何だろう？

ここでは、相続税が課税されるボーダーラインについて解説します。

▶ 相続税がかかる「ボーダーライン」を知ろう

相続税は、亡くなった方から受け継いだ財産に対して課される税金です。でも、すべての相続で課税されるわけではありません。

相続税には「相続した財産が少ないときには、税金はなしとする」という考えがあるからです。この**無税の枠（ボーダーライン）**のことを**「基礎控除額」**と言います。

▶ 自分が相続税の対象かどうかを確かめよう

相続税の節税対策で最初にするべきことは**「自分がこの無税の枠を超えるのか？」**つまり**「相続税がかかるのか？」**を確かめることです。図にするとこうなります。

※一定の控除や特例を使うときは申告が必要

▶ 無税の枠（ボーダーライン）の計算方法

この無税の枠は、以下の式で計算します。

具体的に法定相続人の人数によって、以下のように計算します。

一律3,000万円 +	法定相続人の人数 （600万円×人数）	基礎控除額
	一人（600万円）	3,600万円
	二人（1,200万円）	4,200万円
	三人（1,800万円）	4,800万円
	四人（2,400万円）	5,400万円
	五人（3,000万円）	6,000万円

この無税の枠内に明らかに収まるのであれば、相続税の節税対策は必要ないということになります。自分では判断できない方、ギリギリの方や超えそうな方は、相続に詳しい税理士に早めに計算してもらいましょう。

➡P171 税理士に頼れること

1-5 相続税は、どうやって計算する？

相続税の計算方法はとても独特です。その考え方や計算方法を解説します。

▶ 相続税には、独特な計算方法がある

この無税の枠を超えた分の相続財産に対して、相続税がかかります。その相続税の計算は、独特なやり方をします。

相続財産は、相続人全員で話し合って合意すれば、どのように分けてもいいというルールがあります。ただし、分け方によって相続税の金額が変わってしまうと「税の公平性」が崩れてしまいます。

そこで**相続財産をどう分けても相続税が同じになるように、分ける前に相続税の「総額」を先に計算する**のです。

どう計算するかというと、法定相続分で財産を「仮に」分けたとして、各相続人の相続税を計算して、合計することで総額を出すのです。

面倒な計算は
専門家に任せよう！

▷ 正確な算出は、税理士への委託がお勧め

相続税の総額が計算できたら、**この総額を各相続人などが実際に受け取る財産額に比例して割り振ること**で、各自の相続税の額が決まります。

さらに相続税を少なくできる特例（配偶者の税額軽減の特例など）や控除があれば差し引きます。逆に加算がある場合は足します。

こうすることで、それぞれが実際に払う相続税の額が出るのです。

この計算はややこしいので、相続に詳しい税理士に計算してもらうことをお勧めします。

▷ 相続税の総額を「早見表」で計算してみよう

相続税の大まかな「総額」をつかむために、次の早見表で確認しましょう。 この表は

●相続財産は、無税の枠を引く「前」の総額です。
●法定相続分で相続財産を分けたとして計算しています。
●最初の表は、配偶者の税額軽減の特例（P34）を「適用」して計算しています。

では、3つのポイントがわかったところで、次のページの早見表をご覧ください。

【第1章】「相続」「相続税」とは、そもそも何だろう？　29

■ 相続人が配偶者と子どもの場合の相続税の早見表

相続財産	配偶者 子ども一人	配偶者 子ども二人	配偶者 子ども三人	配偶者 子ども四人
5,000万円	40万円	10万円	0円	0円
6,000万円	90万円	60万円	30万円	0円
7,000万円	160万円	113万円	80万円	50万円
8,000万円	235万円	175万円	138万円	100万円
9,000万円	310万円	240万円	200万円	163万円
1億円	385万円	315万円	262万円	225万円
1.5億円	920万円	747万円	665万円	587万円
2億円	1,670万円	1,350万円	1,217万円	1,125万円
2.5億円	2,460万円	1,985万円	1,800万円	1,687万円
3億円	3,460万円	2,860万円	2,540万円	2,350万円
5億円	7,605万円	6,555万円	5,962万円	5,500万円
10億円	1億9,750万円	1億7,810万円	1億6,635万円	1億5,650万円

■ 相続人が**子どものみ**の場合の相続税の早見表

相続財産	子ども一人	子ども二人	子ども三人	子ども四人
5,000万円	160万円	80万円	20万円	0円
6,000万円	310万円	180万円	120万円	60万円
7,000万円	480万円	320万円	220万円	160万円
8,000万円	680万円	470万円	330万円	260万円
9,000万円	920万円	620万円	480万円	360万円
1億円	1,220万円	770万円	630万円	490万円
1.5億円	2,860万円	1,840万円	1,440万円	1,240万円
2億円	4,860万円	3,340万円	2,460万円	2,120万円
2.5億円	6,930万円	4,920万円	3,960万円	3,120万円
3億円	9,180万円	6,920万円	5,460万円	4,580万円
5億円	1億9,000万円	1億5,210万円	1億2,980万円	1億1,040万円
10億円	4億5,820万円	3億9,500万円	3億5,000万円	3億1,770万円

【第1章】「相続」「相続税」とは、そもそも何だろう？

1·6 「小規模宅地の特例」が使えるなら使おう

　この項では、相続税の節税対策として多くの方にぜひ知っておいてほしい特例、「小規模宅地の特例」について解説します。

▶ 「小規模宅地の特例」とは?

　小規模宅地の特例は、亡くなった方が住んでいた自宅の土地や、事業用の土地について、一定の条件を満たすときに、相続税の計算で、土地の価格を低く評価してよいとする特例です。

　一定の面積まで20%（80%オフ）か50%で評価できるのです。この特例が使えるかどうかで計算用の相続財産が大きく変わります。この特例が使えると相続税が０円になることもあるので、使えるか必ず確認しましょう。

■ この特例が使える「親族」の要件の概要

土地の区分	引き継いだ人	要件
特定居住用 （自宅の土地など）	❶配偶者	なし
	❷同居の親族	申告の期限までその土地を持ち続けて、家に住み続けること
	❸別居の親族 （家なき子）	●亡くなった方に❶❷がいないこと ●申告の期限までその土地を持ち続けること ●引き継ぐ人が、持ち家を所有していないこと 　（ただし、細かい要件がある）
特定事業用 （商売用の土地など） **貸付事業用** （賃貸住宅や 駐車場の土地など）	親族	申告の期限までその土地を持ち続けて、事業を続けること（ただし、一定の要件がある）

■「対象になる土地」と「上限の面積」「減額の割合」の概要

土地の区分	上限の面積	減額の割合
特定居住用(自宅の土地など)	330㎡	80%減
特定事業用(商売用の土地など)	400㎡	80%減
貸付事業用(賃貸住宅や駐車場の土地など)	200㎡	50%減

※上記のうち複数の区分の土地があるときには、さらに上限の面積に一定の調整があります。

▷ 使いたいときは、税理士に相談しよう

この特例には細かい条件や注意点があります。

この特例が使えそうだと思ったら、相続に詳しい税理士に相談しましょう。**この特例を使うことを検討するなら、土地を残す方が元気なうちに、家族で話し合いをするとよいでしょう。**

自宅の場合、相続人の誰かがその土地に引き続き住むことが条件なので、相続してすぐに売ったり、ほかの用途に使ったりできません（配偶者が相続した場合を除きます）。

また、同居していた親族が相続するときも、細かい要件を満たしていなければなりません。事業用の宅地についても同じく、相続する人がその事業を継続することが条件になります。

このようなことを生前から話し合い、準備する必要があるのです。

▷ 前々から入念に準備と計画を立てよう

このように、**小規模宅地の特例は、相続税の節税対策でとても有効です。でも使うためには慎重な準備と計画がいります。**

ここでは多くの読者の方に役立ちそうな「小規模宅地の特例」を解説しました。

節税対策はほかにもたくさんあります。相続税がかかりそうな方は、相続に詳しい税理士に早めに相談して適切な対策をしましょう。

【第1章】「相続」「相続税」とは、そもそも何だろう？ 33

「二次相続」まで見越して より賢い節税をしよう

　相続の節税対策や分割対策は、二次相続まで見越して考えることが重要です。それについてこの項では解説します。

▶ 最初の相続では「配偶者の税額軽減」がある

　相続税の節税対策は、最初の相続だけでなく、二度目の相続まで見越して行うことが大切です。
　たとえば、両親と子どものみの家庭で、親世代の相続を想定して解説します。
　最初の親の相続のときは、その配偶者も相続人になります。
　配偶者には「配偶者の税額軽減」の特例があります。これは**配偶者が相続した財産は1億6,000万円、または法定相続分まで相続税がかからない**という特例です。これによって、最初の相続では配偶者に財産を相続すれば、多くの場合、配偶者の相続税が0円になるのです。

▶ 「二次相続」で多額の相続税がかかる場合も

　しかし、その配偶者が亡くなったときの相続（これを「二次相続」と言います）では配偶者がいないため、この特例による節税が使えません。
　だから、**最初の相続で安易に配偶者に多額の財産を相続すると、二次相続で相続税が大きくなってしまう**こともあります。
　これを防ぐためには、財産をどう分けると、一次相続と二次相続のそれぞれでいくらの税金がかかるのかを、生前のうちからしっか

り考えることが大切です。

▶ ベストな対策のために専門家に相談しよう

　また、残される配偶者にいくらのお金を相続すれば安心して暮らしていけるかも考える必要があります。この金額がわかれば、残りの財産は一次相続のタイミングで子どもに渡してもいいわけです。

　このように、**節税対策や分割対策は二次相続まで見越して考えることが大切**になります。

　これらの対策は、相続の専門家でないと総合的に考えることができません。特に節税対策が必要な方は、税理士にすぐに相談して、賢い対策を進めていきましょう。

➡P171 税理士に頼れること

相続税 Q&A

相続税に関わるよくある疑問や質問、不安についてお答えします。

相続税がかかる財産にはどんなものがありますか？

相続財産に相続税がかかります。

相続財産には「プラスの財産」「みなし相続財産」「相続財産とみなされないもの」「マイナスの財産」があります。

相続財産 ＝ プラスの財産 ＋ みなし相続財産 － 相続財産とみなされないもの － マイナスの財産

■「プラスの財産」
現金・預貯金、土地・家屋、借地権、自動車、貴金属・宝石・骨董品・絵画、家財家具、有価証券（株式・国債・社債・ゴルフ会員権など）、生命保険金（亡くなった方が受取人のもの）、知的財産権（著作権など）、電話加入権など

■「みなし相続財産」（相続財産ではないが、相続税がかかる）
死亡退職金、生命保険金（相続人などが受取人のもの）など

■「相続財産とみなされないもの」（財産に含めない）
お墓・仏壇・仏具など

■「マイナスの財産」（引き継いだら、代わりに払う）
借金やローンなど（葬儀費用も差し引ける）

さらに「相続時精算課税制度」（P88）で先にもらった財産があれば、その分も相続財産に加えます。

また、暦年課税制度で贈与された財産は、故人が亡くなった日からさかのぼって3〜7年以内のものは相続財産に戻します（P86）。

具体的にどの財産が課税の対象かは、税理士に確認しましょう。

第2章

「遺言書」を正しく残せばトラブルは未然に防げる

　遺言書は、相続トラブルを未然に防ぐための素晴らしい方法です。

　第2章では、遺言書を作る重要性やその方法をわかりやすく解説します。正しい遺言書を残すことで、家族の争いを未然に防ぐことができます。また大切な人に想いを確実に伝えることができるのです。

遺言は、なぜ作るといいの？

　相続の分割対策において、遺言書の作成はとても大切です。第2章では、適切な遺言書の作り方を解説します。

▶ 遺言書を書けば、基本的にはその通りに分けられる

　P21で解説したように、遺言とは法律（民法）的に有効になるように、亡くなった後のことについて考えを示すことです。

　相続対策において遺言書はとても大切です。**遺言書を残せば、基本的にその内容の通りに財産を自由に分けられるから**です。**財産を残す人の意思を、最も直接的に実行できる分割対策**なのです。

　逆に遺言書を作っておかないと、相続人全員の話し合いで財産を分けることになります※。しかし立場や気持ちが異なることが多く、この話し合いで相続人同士が揉めたり、相続人の一人が認知症だと話し合いが止まったりもします。

　財産を残す立場の方は、この章を参考に、遺言書をぜひ作成しましょう。財産を受け継ぐ立場の方も、本書を参考に遺言書を作ってもらいましょう。

▶ 相続人が財産を受け取る最低限の保障「遺留分」

　財産を残す人がその財産を自由にできるとは言っても、残される相続人にも相続の最低限の権利があります。

　相続人に法律で保障された最低限の相続分のことを「遺留分」と言います。

※遺言書があっても相続人全員の同意があれば話し合い（分割協議）も可能

民法は財産を残す人の意思を尊重しつつ、残された人の最低限の取り分も保障して、両者のバランスを取っているのです。

だから**遺言書を作るときは、この遺留分を理解しておく必要があります。**たとえば、この遺留分すら残さない遺言書を作ると後でトラブルになりやすいのです。

▷ 遺留分も相続できなかった人は請求が可能

たとえば、遺留分すらもらえなかった人が、たくさんもらった人に対して「遺留分に足りない分を払え」と請求できるのです（それを「遺留分の侵害額の請求」と言います）。

このようなトラブルを未然に防ぐためにも**遺留分を侵さない範囲で財産を分ける**ことをお勧めします。

一部の例外はありますが、基本的には**法定相続分の「半分」が遺留分の割合**になります。図で示すとこうなります。

■ 遺留分の割合

ケース	配偶者の割合	その他の相続人
配偶者のみ	1/2	－
子どもがいる	1/4	1/4を人数で等分
子どもがいなくて父・母がいる	1/3	1/6を人数で等分
子ども、父・母などがいなくて、兄弟姉妹がいる	1/2	なし
配偶者がいなくて、子どものみ	－	1/2を人数で等分

ケース	配偶者の割合	その他の相続人
配偶者・子どもがいなくて、父・母のみ	－	1/3を人数で等分
配偶者・子ども・父・母などがいなくて、兄弟姉妹のみ	－	なし

　遺留分の侵害額の請求は権利なので、使わないこともできます。自分の遺留分を侵害されている遺言書があることを知ったときから1年間何もしないと、権利はなくなります。

　また**兄弟姉妹は、相続人だったとしても遺留分がない**ことは知っておきましょう。

　つまり、兄弟姉妹には財産を残さないという遺言書が存在すると、兄弟姉妹は財産を受け取る権利がなくなるということです。

▶ 遺言書には「付言」もつけよう

　遺言書の本文は、誰にどの財産を相続させるかについて、法的に正しく書く必要があります。

　その本文とは別に「付言」(「付言事項」とも言います) をつけることができます。

　付言とは、財産を残す人の気持ちや、遺言の経緯などを伝えるために書くものです。法的な拘束力はありませんが、**財産を残す人に対して、遺言の意図や感謝の気持ちを伝える**ことができます。お世話になった方へのメッセージや葬儀・埋葬の希望などを書けます。決まった形式はないので、自由に書くことができます。

　想いや意図を残すことで、相続の争いを防ぐことも期待できます。本書では付言も書くことをお勧めします。

　付言の例文は次ページを参考にしてください。

■ 付言の例文

遺言の意図の説明	長男の一郎は、大学を卒業した後、長年にわたって私とともに家業に従事し、その発展に大きく貢献してくれました。そこで、私自身の財産形成に寄与してくれた一郎に財産を多めに渡すことにしました。 他の兄弟も一郎の頑張りは十分に知っていると思うので、このような遺言を残すことを理解し、遺言通りに執行してほしいです。
家族への感謝	私は、素晴らしい妻と子どもたちに恵まれました。私が妻と老人ホームに入った後も、子どもたちが定期的に会いに来てくれて本当に嬉しかった。とても幸せな人生でした。私が亡くなった後も、家族で互いに助け合ってください。
葬儀・埋葬の方法	私の葬儀は、家族だけでささやかに済ませてください。葬式や告別式などは行わずに直葬で構いません。これまで子どもたちにはたくさんの苦労をかけてきました。私が亡くなった後に葬儀のことで気苦労をかけたくないので、家族だけで静かにやってくれるほうが嬉しいです。よろしくお願いします。

2-2 遺言書の3つの種類を知ろう

では、遺言書の基本的なルールがわかったところで、実際に作っていきましょう。

▶ 遺言書には3つの種類がある

遺言書は「自筆証書遺言」「公正証書遺言」「秘密証書遺言」の3つの種類があります。それぞれにメリットとデメリットがあります。適切なものを選んで、確実に法的な効力を持たせることが大切です。

自筆証書遺言	**自分で手書きをする遺言書です。** 手軽で費用がほとんどかからないというメリットがあります。無効になったり、無くしたり、偽造されたりするデメリットがあります。
公正証書遺言	**公証役場で、公証人に書いてもらう遺言書です。** 法的に確実で、無くしたり、偽造されたりする心配が減るというメリットがあります。費用がかかり、手続きが面倒というデメリットがあります。
秘密証書遺言	**書いた本人以外に、内容が秘密にされる遺言書です。** 遺言書が存在していることだけが公証役場に届けられ、保管は書いた本人がします。

「秘密証書遺言」が使われることはあまりないので、ここからは「自筆証書遺言」「公正証書遺言」の2つを解説します。

42

2-3 「自筆証書遺言」の正しい書き方を理解して落とし穴に注意しよう

　自筆証書遺言は、手軽に書くことができるので、多くの方に利用されています。しかし、手軽であるからこそ、多くの落とし穴も存在します。正しく作らなければ、後々トラブルになりかねません。
　この項では自筆証書遺言の書き方と注意点を解説します。まずはメリットとデメリットを詳しく説明します。

▷ 自筆証書遺言は、本人が直筆で書く遺言書

遺言書の本文をすべて自分で手書きする遺言書です。
タイトル、日付、署名もすべて自分で書き、印鑑を押します。
財産目録については、通帳などのコピーを利用したり、パソコンで作ったりすることもできますが、そのときも署名と押印が必要です。

【メリット】
①手軽
紙とペンと印鑑があれば、どこでも簡単に作ることができます。
②費用がかからない
公証人の手数料がいらないので、費用がほとんどかかりません。

【デメリット】
①無効になるリスク
形式を間違えると無効になることがあります。
②無くしたり、隠されたりするリスク
自宅で保管するときは、無くなるリスクがあります。相続人などに隠されたり、書き換えられたりするリスクもあります。
③検認の手続きがいる
家庭裁判所での検認の手続きが必要なので、相続人に負担がかかります。

【第2章】「遺言書」を正しく残せばトラブルは未然に防げる

検認とは

検認とは、**遺言書が見つかったときに、その内容を明確にして、遺言書の偽造や内容を変えてしまうなどの不正を防ぐために、裁判所で行う手続き**です。

P47で解説しますが、法務局に預けた場合は検認はいりません。

▷ 自筆証書遺言の正しい書き方を知ろう

自筆証書遺言は、その形式が法律で厳格に決められています。民法にこう書かれています。

「自筆証書によって遺言をするには、遺言者が、その全文、日付及び氏名を自書し、これに印を押さなければならない」

自筆証書遺言のポイントと例文を紹介します。

■ 自筆証書遺言のポイント

本人が本文を手書きですべて書く	遺言書の本文は、本人が手書きですべて書く必要があります。消えないペンで書くことをお勧めします。 ●パソコンなどで作成したものや代筆は無効です。（財産目録は、パソコンや代筆も可。ただし、自筆以外の部分はページごとに署名と押印が必要） ●動画や音声も無効です。 ●夫婦など複数人で書いたものも無効です。
日付を明記する	遺言書には必ず、作った日の日付を書きます。たとえば「2024年8月1日」などと具体的に書く必要があります。 ●「2024年8月吉日」などと日付が特定できないと無効になります。

署名と押印が必要	書いた本人の署名と押印が必要です。 署名にはフルネームを書きます。 押印は実印が望ましいですが、認印でも可能です。
明確に書く	財産の分け方や相続する人の指定を明確に書きます。 曖昧な表現をせず、相続させる人の名前、財産の具体的な金額や名称などを記載します。 ●基本的な表現として、法定相続人に残すときは「〇〇（財産）を、××（誰）に相続させる」、第三者に残すときは「〇〇（財産）を、××（誰）に遺贈する」と書きます。
遺言の執行者を 指定すると便利	遺言の内容に沿って相続を執り行う人を「遺言執行者」と言います。書くことは必須ではありませんが、遺言で指定しておくと便利です。相続の手続きがスムーズに進みやすくなります。
封筒に入れて 実印で封をするのが お勧め	封筒に入れなくても無効にはなりませんが、入れておくことをお勧めします。 改ざんや破棄のリスクを防ぎやすくなるためです。 ※封をする前に、専門家に形式が整っているかを確認してもらうのがいいでしょう。なぜなら、形式の不備で遺言書が無効になるリスクがあるからです。

【第2章】「遺言書」を正しく残せばトラブルは未然に防げる　45

■ 自筆証書遺言の例文 ※手書きで書くこと

遺言書

第1条　私は、長男の一郎に対して、私の所有する次の自宅を相続させる。

(1)土地

所在：東京都渋谷区○○町○丁目

地番：○○番○○　　地目：宅地　　地積：○○㎡

(2)建物

所在：東京都渋谷区○○町○丁目○○番○○

家屋番号：○番○　　種類：居宅　　構造：○○

床面積：1階　○○㎡　2階　○○㎡

第2条　私は、長女の花子と次女の良子に対して、私の名義の預金を、それぞれ2分の1の割合で相続させる。

第3条　私は、妻の正子に対して、第1条と第2条に書いた以外の一切の財産を相続させる。

第4条　私は、この遺言執行者として、長男の一郎を指定する。

長男の一郎は、大学を卒業した後、長年にわたって私とともに家業に従事し、その発展に大きく貢献してくれました。そこで、私自身の財産形成に寄与してくれた一郎に財産を多めに渡すことにしました。

他の兄弟も一郎の頑張りは十分に知っていると思うので、このような遺言を残すことを理解し、遺言通りに執行してほしいです。

2024年8月1日

住所　東京都渋谷区○○町○丁目○○番○○

加納 敏彦 ㊞

▶ 書き間違えたときは、新たに書き直そう

遺言書は、書き加えることや変更をすることもできます。でも、法律で定められた方式に則って正しく変更しなければいけません。

そうせずに変更してしまうと、変更がされなかったものとして扱われてしまいます。場合によっては、遺言書全体が無効になってしまうこともあります。

そのため、**遺言書の内容を変更したいときは、遺言書を新しく作成する**ことを本書ではお勧めします。

▶ 自筆証書遺言を書いたら法務局に預けよう

2020年から、**法務局が自筆証書遺言の原本を保管してくれる制度**が始まりました。これを**「遺言書保管制度」**と言います。

この制度ができたことで、P43のデメリット②で挙げた「無くしたり隠されたりするリスク」が減りました。

またデメリット③の「検認の手続きがいる」も、法務局に預けたときは必要ありません。

相続が発生すると、葬儀や名義変更などでとても慌ただしくなります。検認がいらない状態にしておく

【第2章】「遺言書」を正しく残せばトラブルは未然に防げる

のが望ましいです。

保管の費用は一律3,900円です。保管した遺言書を見たいときの費用は、モニターで画像を見るのが1,400円、原本を見るのが1,700円です。

ただし、法務局に保管したいときは、指定の様式で提出する必要があります。細かく指定されているので、この制度を使いたい方は法務省のHPで確認してください。

https://www.moj.go.jp/MINJI/03.html

▶ 財産の分け方から相談するなら「弁護士」を頼ろう

このように、自筆証書遺言は、正しく書けば法的に有効になります。ただし、形式に不備があったり内容に曖昧さがあったりすると、無効になってしまうリスクがあります。

遺言書の作成は、相続対策の根幹です。相続対策を万全にするために、専門家のアドバイスを受けながら遺言書を作成しましょう。

財産の分け方まで含めて、遺言書について総合的に相談に乗れる専門家は弁護士です。相続に詳しい弁護士を頼りましょう。

➡P168 弁護士に頼れること

▶ 書き方の相談は司法書士や行政書士でもOK

遺言書の書き方の相談は、司法書士・行政書士も専門です。分け方が決まっているなら、司法書士や行政書士に相談するといいでしょう。費用は弁護士より安くなることが多いです。詳細は「付録」で解説しています。

➡P173 司法書士に頼れること
➡P175 行政書士に頼れること

2-4 「公正証書遺言」を正しく理解して落とし穴に注意！

　公正証書遺言は、自筆証書遺言よりも費用や手間がかかるので、一般には敬遠されがちです。しかし公正証書遺言もお勧めできる方法です。この項では、公正証書遺言を作成する手順と注意点を解説します。まずは、メリットとデメリットを詳しく説明します。

▶ 公正証書遺言は、公証役場で公証人が作成する

公証役場で、公証人の前で遺言を残す人が口頭で説明し、公証人が文書を作る遺言書です。
証人が2名必要です。公証人が内容を確認して、法的に確実な形式で作られます。

【メリット】
①法的に確実
公証人が作成するので、形式の不備によって無効になるリスクがありません。
②無くしたり、偽造されたりする心配が減る
公証役場に保管されるので、遺言書の紛失や偽造のリスクが低くなります。
③検認の手続きがいらない
家庭裁判所での検認手続きがいらないので、相続の手続きがスムーズに進みます。

【デメリット】
①費用がかかる
公証人の手数料が必要なので、費用がかかります。（16,000円＋財産により加算）
②手続きが面倒
公証人と面談しなければならない上、証人も2名必要なので、自筆証書遺言よりも作成が大変です。

▷ 公正証書遺言を作るステップ

いろいろなパターンがありますがよくあるステップを例示します。

❶相続の内容を決める	財産を整理して、誰に何を相続させるかを決めます。メモをしておくといいでしょう（どのように書けばいいかわからないときは、専門家に相談しましょう）。
❷相談の予約をする	最寄りの公証役場（法務省の管轄で、全国に約300カ所あります）に連絡をして、相談の日時を予約します。 ●初回の相談は無料で行われることが多いです。相談には、遺言の内容をメモしたものを持っていきましょう。 ●公証役場によっては、必要書類が異なることがあります。必要書類を確認しましょう。
❸書類の準備をする	必要書類を相談日に持っていきます。準備が間に合わないときは、後送します。
❹相談する	どんな内容の遺言書にするかを伝えましょう。遺言の内容について公証人からアドバイスを受けることもできます（どう分けるかの相談は弁護士しか乗れないので、公証人もできません）。
❺遺言書を作る日を予約する	遺言の内容に納得できたら、公正証書遺言を作る日時を予約します。
❻遺言書を作る	公証役場で、証人2名と遺言書の内容を確認します。 公証人が遺言の内容を読み上げ、全員が内容を確認します。問題がなければ、全員が署名・押印します。 最後に手数料などの支払いを済ませたら終了です。
❼正本と謄本を受け取り、保管する	作った公正証書遺言は、公証役場に原本が保管されます。作った本人には、正本と謄本が交付されます。正本は原本と同じ効力を持つ複製です。謄本は原本の写しで、内容を証明するための書類です。 正本と謄本は、自身で大切に保管します。遺言執行者を指定したときは、正本を遺言執行者に渡しておくのもよいでしょう。

▶ 証人は、誰になってもらえばいい?

　公正証書遺言を作るためには、立ち会ってくれる証人が2名必要です。**証人になるための特別な資格はありません。**遺言書の文案作成を専門家にお願いしたときは、その専門家が証人になることも多いです。

　公証役場で紹介(手配)してもらうこともできます。そのときは、1人6,000円～1万円程度の費用がかかります。

▶ 公正証書遺言を作るときも専門家に相談しよう

　公正証書遺言は、公証人が書き方のアドバイスをしてくれます。しかし、上記のように、公証人は分け方までは相談に乗ることができません。

　財産の分け方まで含めて、遺言書について総合的に相談に乗れるのは弁護士だけです。

　また、公正証書遺言を作ると形式の不備は防げますが、それでも無効になることがありえます。

　「遺言書を作成した時点で認知症と診断されていた」「正常に判断できる状態ではなかった」などということが、相続後に発覚するケースがあります。そうなると、遺言の内容や遺言の結果どのようなことになるかを、本人が理解し判断することができなかったとされ、遺言書自体が無効になることがありうるのです。

　こういうことを防ぐためにも、**相続対策の経験が豊富な弁護士や司法書士、行政書士などに、早めに相談する**ことをお勧めします。

➡P168 弁護士に頼れること
➡P173 司法書士に頼れること
➡P175 行政書士に頼れること

2-5 遺言書の作成を専門家にお願いするといくらかかる？

　具体的にどのように書いたらいいかわからない場合、遺言書を作るためのアドバイスやサポートを受けるには、弁護士や司法書士、行政書士を頼るのが一般的です。いったい、いくらかかるのでしょうか？　この項では、相談料の目安を解説します。

▷ 目安は10～30万円

　費用は、お願いする内容や財産の総額によって変わりますし、事務所ごとにも異なります。弁護士・司法書士・行政書士の誰に頼むのかによっても変わります。
　一概には言いにくいのですが、目安を出してみます。

■ 遺言書の作成トータルの金額の目安

　遺言書の作成について**弁護士**に依頼すると、一般的には**10万円から30万円**が相場です。揉めごとの相談や財産の分け方まで相談に乗れるプロは弁護士だけです。そのため他よりは高くなります。

司法書士や行政書士は、弁護士よりは値段が安くなることが一般的です。事務所にもよりますが、司法書士は一般的には**10万円から20万円**、行政書士は**5万円から10万円**が相場です。

▶「安い」だけで専門家を選ばない

ただし、専門家の仕事は価格が安ければいいわけではありません。「安かろう、悪かろう」では、相談する意味がありません。

初回相談は、無料や5,000円～1万円程度で乗ってくれる事務所も増えています。まずは一度相談してみて、その先生が信頼できるか、誠実に関わってくれるかを確認してみましょう。

遺言書を作るにあたって専門家に入ってもらう価値は「費用をかけて安心を買う」という点にあります。

適切な遺言書があることで、相続の手続きがスムーズに進み、後々のトラブルや争いを防ぎやすくなります。

▶「信頼できる専門家」こそ最高の武器!

遺言書の作成をきっかけに信頼できる先生を見つけられたら、相続対策全般でも相談に乗ってもらえます。

困ったときにすぐ相談できる、信頼できる先生がいる。

相続において、これほどの安心はありません。よい専門家を探す手間を惜しまないようにしましょう。専門家の探し方は、付録で解説しています。そちらもぜひ参照ください。

なんでも相談できる専門家を探そう!

➡P161《付録》円満な相続を実現するための「信頼できる専門家」の見つけ方

2-6 「揉める遺言書」「揉めない遺言書」の違いはここ！

　ここまで、遺言書の作り方を解説してきました。

　適切な遺言書を書くことで、相続が起きた後に家族同士が揉めるのを防ぐことができます。

　しかし、遺言書を書くだけでは揉めごとは防ぎきれません。遺言書があることで、より揉めやすくなることもあるのです。

　遺言書の作り方を間違えると、それ自体が争いの火種になることもあります。では、どのような違いが「揉める遺言書」と「揉めない遺言書」を具体的に分けるのでしょうか？

　この項では第2章のまとめとして「揉めない遺言書」を適切に作る方法を解説します。

▷ 遺言書の存在と内容を事前に知らせよう

　遺言書を作ったときは、その遺言書の存在と内容を事前に家族に知らせることがとても大切です。

　そうしないと、自分が亡くなったときに遺言書が発見されない可能性があるからです。それでは遺言書を作る意味がありません。

▷ 自分だけで抱えると破棄などのリスクがある

　また、もし相続人の一人が偶然、遺言書を見つけたとしたらどうでしょうか？　遺言書の存在を他の誰もが知らない場合、自分に不利な内容だとわかったら、**見つけた人が遺言書を破棄してしまう**かもしれません。もちろん違法行為です。でも破棄されてしまったら、その遺言書が存在していて破棄されたのか、あるいは最初から存在

しなかったのかを、後から検証するのは困難になります。

なので、家族に知らせず、自分だけで保管するのはお勧めできません。

▷ 自筆証書遺言を貸金庫や自宅に保管しない

銀行の貸金庫に保管する人もいますが、これは絶対にやめましょう。なぜなら、銀行の貸金庫は相続が発生すると、相続人全員の同意がないと開けられないからです。遺族が遺言書の内容を知るタイミングが遅れてしまいかねません。

他にもあまりお勧めできないのは、自筆証書遺言を自宅に保管することです。破棄されたり、無くしたり、改ざんされたりするリスクが高まります。

▷ 自筆証書遺言は法務局に保管しよう

これらのトラブルを防ぐために、自筆証書遺言を法務局に預けることができる制度が2020年から始まりました。

➡P47 遺言書保管制度

遺言書を確実に保管できますし、相続が起きた後に通知を送る仕組みもあり、発見してもらいやすくなります。

さらに、遺言書を作ったこととその内容を、生前に家族に伝えておくことが望ましいです。そうすることで、遺言の内容についての誤解や不満を、生前に解消しやすくなります。

【第2章】「遺言書」を正しく残せばトラブルは未然に防げる　55

▶ 一番お勧めなのは、公正証書遺言

　P49でも書きましたが、**一番お勧めする遺言の作り方は、専門家に相談しながら、公正証書遺言を作ること**です。

　公正証書遺言は、公証人が作るので、遺言の内容が法的にしっかりと保証されます。

　さらに、弁護士などの専門家のアドバイスを受けながら、相続人全員の立場に配慮した分け方を考え、公正証書遺言として残しましょう。そうすることで、相続トラブルを生前に防ぐことができるのです。

▶ どう分けたかだけでなく「なぜ」そう分けたかまで書く

　P40では、遺言書の「付言」について解説しました。

　遺言書には、想いや背景を自由に書けるのです。なので、たとえば「自宅は長男に相続させる」などという内容だけでなく、その背景や理由も明記しておくことが大切です。

「なぜ長男に相続させるのか」「他の相続人への配慮はどうするのか」など、具体的な経緯と意図を書きましょう。

　遺言の内容に対する相続人の理解が深まり、揉め事のリスクが減ります。また、それを生前に家族に伝えておけると理想的です。

▶ 遺留分に配慮する

　また、P38では「遺留分」についても解説しました。遺留分は相続人に法律で保障された最低限の相続分のことで、法定相続分の半分でした。

　なので、**相続人に遺留分も残さないような内容の遺言書も、争いの火種になります。**たとえば、全財産を特定の相続人に遺すような

内容は、他の相続人の遺留分を侵害します。

相続人の立場からすると、法律で認められた権利すら自分に残そうとしない遺言に同意するのは、多くの場合難しいでしょう。もし同意したとしても、不満として禍根が残りかねません。

遺言書で揉めた例

相続人は3人（A,B,C）。相続財産は不動産と預貯金でした。
遺言書の内容は、不動産は相続人Aに、預貯金は相続人AとBの2人に相続させるというものでした。
しかしBとCが、自分の取り分が少ないことを不満に思い、BとCがAに遺留分の請求をして争いになりました。

これは、遺留分にも配慮せず、なぜそう分けたのかの説明もなかったために起きてしまったのです。

日ごろのコミュニケーションが一番大切

ここまで見てきてわかるように、**遺言書を作るのにあたって何よりも大切なのは家族とのコミュニケーション**です。

普段から家族との会話を大切にし、自分の老後の生活やお金なども含めて、家族の未来をしっかり話し合っておきましょう。

その会話の延長として、自分が亡くなった後のことも話し合えると理想的です。

それさえできていれば、遺言書の内容や意図を共有することも、それほど難しくありません。

逆に、家族のコミュニケーションが不足していると、法的に効力のある遺言書を正しく作ったとしても、残された家族が揉める可能

性は高くなります。均等に分けたとしても、たとえば自分が多く世話をしていると感じている相続人にとっては、均等にすること自体が不満になりかねません。

コミュニケーションが足りないと、遺言書でどう分けたとしても、揉めたり争ったりする火種になってしまうのです。

 遺言書で揉めた例

相続人は3人（A,B,C）。遺言書は、相続財産のすべてを相続人Aに相続させるという内容でした。
付言には「他の相続人にはこれまでたくさん援助をしてきたので」と記載がされていました。
しかし、相続人Bは生前に故人からこのような話を聞かされていなかったことと、BからすればAもまた自身と同じかそれ以上の援助を受けていたから納得できませんでした。
Bは弁護士に相談し、最終的に相続放棄をしました。気持ちとしてきっぱりと、他の相続人たちと縁を切ることにしたのです。

このように「揉めない遺言書」を作成するポイントには、**遺言書の内容を明確にする**だけでなく、**遺留分に配慮**したり、**日ごろから家族とのコミュニケーション**をしっかり取ったりすることが大切になります。

相続の話題を家族にどう切り出したらいいかについては、第7章で詳しく解説します。

➡P137《第7章》相続の話を親に切り出すための㊙テクニック

これらのポイントを押さえて遺言書の準備を進めていきましょう。

遺言書 Q&A

遺言書に関わるよくある疑問や質問、不安についてお答えします。

よく聞く「エンディングノート」とは？ 遺言とどう違う？

　エンディングノートは、自分の人生の終末について書き残しておくノートの総称です。書き方に法律的な決まりはないので、気軽に自由に書くことができます。

　白紙のノートに自由に書いても構いません。ただ、それだと書くことに迷ってしまう人も多いでしょう。そこでさまざまなエンディングノートが販売されています。

　エンディングノートも、遺言書と同じく、大切な相続対策の手段の1つです。エンディングノートを活用することで、家族や大切な人への思いを整理して書き残すことができ、相続の手続きを円満に進めることができます。

　ただし、エンディングノートは法的な拘束力はありません。そこで**遺言書と併用しましょう。**

　遺言書に書いた内容の背景や理由、延命治療についての考えなどをエンディングノートにより詳しく書いておくことで、残された人の理解が深まり、納得感を得やすくなります。

相続人以外の第三者に財産を残したいときは？

　自分の晩年に、血縁がないのに面倒を見てくれた人がいた場合、家族よりもその人に財産を残したいという相談もいただきます。
　相続人以外の第三者に財産を残すことは、法的にはできます。でも、相続人との間でトラブルになりやすいので、慎重な対策が必要です。
　第三者に財産を残す最も一般的な方法は「遺言書」による遺贈（法定相続人以外の人に財産を譲ること）です。

　ただし、相続人に対して、P38で解説した遺留分は少なくとも確保しましょう。そうしないと、遺留分の請求がその人に来てしまいます。
　自分の意思で、**生前に贈与をする**のも、確実に財産を渡せる方法です。逆に、相続人の立場として、その第三者に財産を残させたくないという方もいるかもしれません。
　どちらの立場の場合も、相続に詳しい弁護士や司法書士、行政書士に相談しましょう。
　慎重に対策をしないと、高確率でトラブルになるので注意が必要です。

第**3**章

病気の人でも使える！意外と知らない「生命保険」の活用法

　生命保険は相続対策にとても役立ち、かつ誰でも簡単にできる方法の1つです。病気になると入れないと勘違いしている方もいますが、病気でも加入できる相続対策用の保険もあります。

　また、生命保険の非課税の限度額も、相続税の節税対策として見逃せないポイントです。

　第3章では、生命保険の具体的な活用法について詳しく解説します。

生命保険は、相続対策と相性がいい！

　この項では、生命保険が相続対策でとても使いやすい理由を解説します。分割対策にも節税対策にも活用しやすく、他の対策に比べてとても実行しやすいのです。

▷ 生命保険は、受取人固有の財産

　生命保険を使った相続対策として、まずは生命保険の非課税の限度額をフルに活用することがポイントです。
　生命保険金は法律で「受取人の固有の財産」とされているので、厳密には相続財産ではありません。遺産分割の対象にもなりません。
　生命保険金は受取人に直接支払われるので、受取人が手続きするだけでスムーズに保険金を受け取ることができます。
　だから、財産を残す立場からすると、残したい人にストレートにお金を残せる貴重な手段で、分割対策にも役立つのです。

▷ 生命保険の「非課税の限度額」をフル活用しよう

　生命保険金は「厳密には相続財産ではありません」と書きましたが、故人が亡くなったことで受け取る財産です。
　そのため**「みなし相続財産」**という扱いになり、相続税の課税の計算に使う財産には加える必要があります。
　ただし生命保険金には、相続税の非課税の限度額が設定されていて、**ある程度までは無税で受け取ることができます。**
　生命保険の非課税の限度額は次のページのように計算します（死亡退職金も同様です）。

■ 生命保険金・死亡退職金の非課税の限度額

　たとえば、法定相続人が3人いれば、最大で1,500万円が非課税となります。

　もし1,500万円を預貯金で残したら相続税の対象になります。それと比べると、その効果の大きさがわかるでしょう（次の項で具体的に計算します）。

　この非課税の限度額を活用することで、相続税の負担をとても軽くすることができます。

　なお、これは「相続人全体での限度額」です。この**限度額までであれば、たとえ受け取った相続人が1人でも受け取った金額が非課税**になるのです。

> たとえば、法定相続人が子ども3人のとき、1,500万円が非課税の限度額です。すべて死亡保険金が子のうち1人に1,000万円払われても、その子が受け取った1,000万円が非課税になります（生命保険金とは別に、死亡退職金があれば、それぞれ別に非課税の枠が使えます）。

　相続税の計算のときに間違いやすいので注意しましょう。

　ちなみに、非課税の限度額が使えるのは「相続人」ですので、相続を放棄したり、相続権を失ったりすると、死亡保険金を受け取っても非課税の枠は使えません。

病気や高齢でも活用できる真に役立つ生命保険とは？

相続対策用の生命保険は、病気や高齢の方でも加入できるものが準備されています。この項では、それらの生命保険について解説します。

▶ 預貯金を保険に変えるだけで節税になる

生命保険を使った相続対策は、不動産などの対策と違って、誰でも簡単に実行できるところがよいところです。

一番簡単なのが、現金や預貯金を生命保険に変えることです。それだけで、非課税の限度額を活用できます。

たとえば、1,000万円のお金で、1,000万円の生命保険に加入するのです。それがなぜ節税になるのかを説明します。

生命保険に変えるだけでらくらく節税対策！

生命保険を使った節税の例

たとえば、法定相続人が3人いて、相続税が10％かかるとします。相続財産の中の現金や預貯金が2,000万円だったとすると、その部分への課税は

相続税＝2,000万円×10％＝200万円

となります。

同じケースで、もしも生命保険に加入していたとしたらどうでしょうか？
生前に現金や預貯金の2,000万円のうち1,500万円で、死亡保険金1,500万円の保険に加入していたとします。

法定相続人が3人なので、生命保険の非課税の限度額は500万円×3人で1,500万円です。
つまり、**現金や預貯金の2,000万円のうち1,500万円は課税されなくなる**のです。
だから、現金・預貯金への課税は残りの500万円だけになるので

相続税＝500万円×10％＝50万円

となります。

このように、預貯金を生命保険に変えるだけで**200万円の相続税が50万円になり、150万円の節税効果がある**のです。

　このような節税が、現金や預貯金を生命保険に変えるだけでできてしまうわけです。
　相続税の課税対象で現金や預貯金が多く生命保険にあまり入っていない方には、とてもお勧めの方法です。

▶ 相続税の申告など手間が省けることも

また、P26で解説した相続税の無税の枠（基礎控除額）をギリギリ超える方は、現金や預貯金を生命保険に変えるだけで無税の枠に収まり、相続税の申告自体をしなくてもよくなることもあります。申告の手間や費用などもなくなるのです。

▶ 90歳前後でも病気でも加入できる

このような相続対策用の保険は、保険会社にもよりますが**90歳前後まで加入できる**ものもあります。**しかも健康状態の告知もないものが多い**です（入院中だと契約できないことがほとんどです）。

つまり、高齢でも病気でも加入できるのです。

▶ 「節税対策」だけでなく「分割対策」もできる

また、相続財産が少なく相続税がかからない場合でも、この保険は役立つことがあります。生命保険金は残したい人に直接お金を残せるので、分割対策にも有効です。

なぜなら相続財産の対象にせずに**残したい人に直接お金を残せる**からです。

▶ 生命保険に加入するときの注意点

ただし、相続対策の生命保険に加入するときに、注意しておくことがあります。

最初の注意点として、**すぐに解約すると解約返戻金は減る**ことがほとんどです。そのため生活資金や余裕資金としていくらを現金などで残すか、いくらを生命保険に変えるかを、事前に考えておく必

要があります。

また、日本円が低金利のため、**アメリカドル建の保険**なども増えています。そういった保険への加入を検討するときは為替の変動についても理解することが大切です。

加入する際は計画的に進めよう

▶ 不平等感を生み出す可能性にも留意しよう

さらに、生命保険で受取人にお金を直接残せることはメリットですが、**相続人の不平等感を高めることもあります。** だから、税金面だけでなく、他の財産を含めて誰にいくらお金を残すかという、「分割」の点からも生命保険を考えなくてはならないのです。

このように、生命保険に加入するときは、注意するべき点がいくつもあります。生命保険を使った相続対策をしたいときは、相続に詳しくて信頼できる生命保険の専門家に相談しましょう。

➡P177 生命保険会社の担当者に頼れること

3-3 子どもが独立したら「家族を守る」保険から「老後資金」「相続」対策の保険へ

　子どもが若いうちは、もしもに備えた家族を守るための保険に加入する人がほとんどです。この項では、そこから「老後資金」や「相続」の対策につながる保険への切り替えのポイントを解説します。

▶ 生命保険は定期的に見直すことが大切

　相続対策の生命保険の相談に乗るときに気づいたことがあります。それは、多くの方が、家族を守るために以前加入した生命保険を、そのままにしてしまっていることです。

　生命保険は、目的に合わせて内容や保障額を定期的に見直すことが大切です。子どもがまだ小さかったり学生だったりするときは、稼ぎ手が亡くなってしまうと、残された家族が経済的な大打撃を受けやすいです。そのため、かけ捨ての定期保険で高額の死亡保険に加入することが多くなります。

　しかし、子どもが家族から独立して自立したら、そこまで大きな死亡保険金はいらなくなることがほとんどです。

　そのときは、生命保険を見直しましょう。そして、以下の3点を理解して見直すことが大切です。

■ 生命保険の内容で、確実にわかっておきたい3つのポイント

1
どんなときに
いくらお金が
受け取れる？

2
いつまでの契約？
●期間限定？
●一生涯の保障？
●混合タイプ？

3
かけ捨てタイプ？
積み立てタイプ？
混合タイプ？

▶ 「積み立てタイプ」「終身タイプ」の保険が相続に役に立つ

たとえば、子どもの独立後にかけ捨ての定期保険を減らせば、支払う保険料も減らせます。

その分で**積み立てタイプの生命保険に加入**するのです。そのような保険は解約返戻金があるので、たとえば入院や介護などでお金が必要になったときに、解約や契約者貸付をしてその費用に充てることもできます。

また、保険を見直して、**亡くなるまで一生涯の保障がある死亡保険（終身保険）に加入**すれば、相続対策にもなります。亡くなったときに、生命保険の非課税の限度額まで、無税でお金を残せるのです。また、受取人固有の財産として、受取人に直接お金を残せます。

▶ 「変換」で、健康状態の告知なしで保障を変えられる

しかし生命保険に加入するときには、相続対策用の一部の保険を除いて、健康状態の告知が必要になることがほとんどです。健康状態によっては、支払う保険料が高くなったり、加入できなかったりすることもあります。

そんなときにも役立つのが**「変換」**という制度です。これは、**告知が不要で、すでに加入している保険の保障の内容や期間などを変えることができる制度**です。

この変換の制度を使えば、家族を守るために入っていた定期保険を、老後資金用や相続対策用の終身保険などに切り替えることもできるわけです。

▶ よく似た言葉の「転換制度」は別モノ!

ただし、気をつける点があります。**変換制度と似た名前の「転換**

制度」もあるので、混同しないようにしてください。

　転換制度は、積み立ててきた解約返戻金を、新しく加入する保険の支払いに充てる制度です。解約返戻金が減ってしまうため、結果的に不利になることもあります。

　また、変換制度を持っていない保険会社もあります。

　そして、変換には細かい条件もあります。変換を検討するときは、契約している保険会社に問い合わせしましょう。

▶ 「混合タイプ」の保険に注意しよう

　生命保険に加入したり見直したりするときは、内容を正確に理解する必要があると書きました。

　よくあるのが「かけ捨てタイプの定期保険」と「積み立てタイプの終身保険」の「混合タイプ」の商品です。

「保険証券の名称に『解約返戻金つき終身保険』と書いてあるから、払っている保険料が積み立てられていると思っていたのに、ほとんどが『かけ捨てタイプの定期保険』だった！」ということが多発しているのです。混合タイプは混ざり具合がわかりにくいので、内容をしっかり確かめないと、このようなことになりかねません。

　定期保険は相続対策に不向きなことが多いです。そのため、自分の生命保険が本当に相続対策に有効な保障になっているかを、十分に確認する必要があります。

▶ 保険の担当者や専門家に活用を相談しよう

　ここまで、相続対策に効果的な生命保険と、その注意点などを解説してきました。これらの情報を頭に入れて、生命保険の担当者や相続の専門家に保険の活用を相談するようにしましょう。

3-4 健康状態がよい場合は「最強の生命保険」で相続対策！

　ここまで、90歳前後まで加入できたり、病気でも加入できたりする生命保険を解説してきました。
　もちろん、より若くて、健康状態がよいときに加入できて、相続対策にもなる生命保険もあります。それが変額保険です。
　この項では、変額保険を活用した相続対策について解説します。

▷「健康状態がよい」とは？

　年に１回受けることが多い、健康診断・人間ドックの判定区分は以下のようになります。

判定の区分	判定の意味
A	異常なし
B	経過観察・軽度の異常
C	要再検査・生活改善
D	要精密検査・治療
E	治療中

　すべてがA判定であればもちろん理想的ですが、B判定がいくつかあっても、問題なく保険に加入できることが多いです。
　つまり、生命保険の加入において「健康状態がよい」というのは「A判定」「B判定」という意味です。

▶「変額保険」なら、相続対策と老後資金の準備ができる

健康状態がよい方にお勧めする生命保険が「変額保険」です。

変額保険を活用することで「老後資金」作りと「相続対策」を同時にできるのです。

そのため70代〜80代の方の相続対策用の保険というより、50代〜60代の方が、両方を同時に準備したいときに向いています。

変額保険は、P68の3つのポイントでいう**「積み立てタイプ」**の保険です。積み立てていくお金を投資信託のように運用できる生命保険なのです。株や債券などで運用します。

解約したときに戻ってくるお金（解約返戻金）は運用によって増えたり減ったりしますが、死亡保険金には最低の保障があります。

保障の満期がある定期タイプと、保障が一生涯続く終身タイプがあり、**相続対策としては「終身タイプ」**がお勧めです。

■ 変額保険の終身タイプとは？

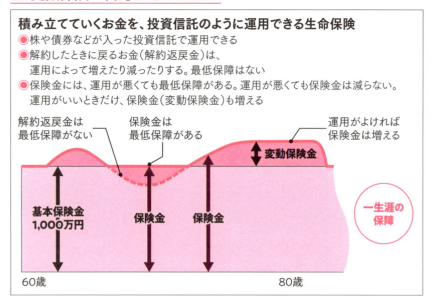

運用がよければ、解約返戻金も死亡保険金も増えていくので、増えた分を老後資金にすることができるのです。

運用が悪ければ、そのまま死亡保険として持っておき、相続対策に活用します。死亡保険金には最低の保障が基本的にはあるので、保険金が減らないのです。

生命保険は支払う保険料より保険金の方が高くなるケースが多いです。だから、生命保険に加入すれば、財産を増やして受取人に渡すことができるわけです（そして、生命保険の非課税の限度額で節税もできます）。

つまり**変額保険は、運用がうまくいけば「老後資金」作りができ、運用が悪くても「相続対策」の保険になる**のです。

▷ 変額保険は、インフレ時代に強い貴重な相続対策

変額保険は、積み立てるお金を株式や債券でも運用できます。

今のように物価がどんどん上がるインフレ時代には、保険金や解約返戻金が固定金額の保険よりも**将来の財産の価値が保たれやすい**と言えます。

ただし、変額保険を取り扱っている保険会社は限られています。保険会社にとっても短期で利益が出にくく、説明にも高度な知識が必要なため、取り扱っていない会社も多いのです。

本書でお勧めしている、死亡保険金の最低保障がある**終身タイプ**を取り扱っているのは、**ソニー生命保険とプルデンシャル生命保険**などです。

変額保険の終身タイプを検討するときは、この2社などに問い合わせをしましょう。

【第3章】病気の人でも使える！ 意外と知らない「生命保険」の活用法

3·5 生命保険の相続対策テクニックを フル活用しよう

　相続対策において、生命保険はとても強力な手段であることは、ここまで解説してきた通りです。

　その効果を最大限に引き出すためには、少しテクニックが必要です。ここでは、生命保険をより効果的に活用するための具体的な方法を紹介します。

▷ 受取人を誰にするかで税金が大きく変わる

　まず、生命保険の受取人を誰にするかが大事なポイントになります。相続税の金額が大きく変わることが多いのです。

　家族を守るための生命保険は、配偶者を守る目的が強いため、受取人を配偶者にすることが一般的です。

　しかし、**生命保険を相続対策として考えた場合は、受取人が配偶者のままでいいのかをよく考える必要があります。**

　残された配偶者の生活費などの必要資金であれば、生命保険金として意味があります。しかし、深く考えずに受取人を配偶者に指定してしまうのはお勧めしません。

　つまり、**受取人を配偶者から子どもに変更することによって、相続税の節税が図れる**のです。

　二次相続まで考えると、必要以上に配偶者に財産を残すよりも、受取人を子どもにするのも有効なのです。

二次相続まで見越した生命保険の活用の例

たとえば、配偶者のこれからの資金で1,000万円が必要だとします。その分は配偶者に相続財産を残すことを考えます。そのとき、もしも2,000万円の終身保険の受取人が配偶者だったとしたら、それは過剰になってしまいます。二次相続で子どもに残すときに、相続税がかかる可能性が高いです。

その場合、1,000万円分の生命保険の受取人を子どもに変えるのです。そうすると、財産を次世代に早く継承できますし、二次相続のときの税金もかからなくなるわけです。

このように、**相続の節税対策を考えたら、受取人は配偶者より子どものほうが効果的である**ことがほとんどです（ただし、誰にどう分けるのが適切かという、分割対策も併せて考える必要はあります）。

▷ 生前贈与を利用して、生命保険に加入する方法もある

生命保険の相続対策に、生前贈与を利用する方法もあります。**相続財産が多い場合に、効果を得やすい方法**です。

生前贈与については、第4章で詳しく解説します。贈与には「暦年課税制度」という原則的な制度と、「相続時精算課税制度」という特例的な制度があります。ここでは、話をわかりやすくするために一括りに「贈与」という表現で話を進めていきます。

生前贈与を使った生命保険の活用の例

たとえば、父の相続対策として、子どもに死亡保険金を渡したい場合を考えてみます。

その時、被保険者（保険がかけられている人）は父ですが、契約者・受取人・保険料を払う人を子どもにします。
そして、その保険料分を父から子どもに生前贈与して、支払いに充てるのです。

仮に、年に100万円の保険料を10年間払う生命保険に加入したとします。その保険料（年100万円）分を父から子どもに毎年（10年間）生前贈与して、支払いに充てるわけです。
図にすると以下のようになります。

■ 生前贈与を利用した生命保険の例

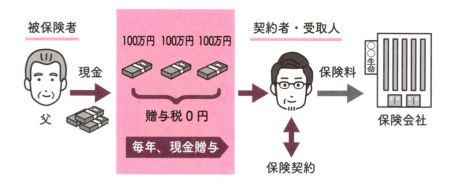

　わざわざ、このような方法を取るメリットはどこにあるのでしょうか？　大きく4つのメリットがあります。

メリット①　相続税の節税効果

　生前贈与をしているので**相続時の父の財産が減ります。**すると相続税が課税される対象の財産が減るので**相続税の節税になります。**

メリット②　贈与税の節税効果

　贈与税には、無税になる枠（基礎控除額）が年に110万円あります。それ以下であれば、贈与税はかかりません。また、それ以上の贈与であっても、贈与税は無税の枠を超えた分だけにかかります。

　だから相続税と比較して、低い税金で財産を引き継ぐこともできます。

メリット③　生命保険金が相続財産から外れる

　相続が発生したとき、この保険金は受取人である子どもの財産であり、相続財産ではありません。

　契約者が子どもであるため、みなし相続財産にもならず、相続税の対象にもなりません（ただし、一時所得となり所得税・住民税の対象になります）。

メリット④　子どもにお金を使わせることを防げる

　生前贈与をして相続財産を減らしたいけど、子どもに多額のお金を渡すと、無駄遣いしたり、金銭感覚が狂ってしまったりするのではないかと心配になる方もいます。

　その場合、この方法であれば、**生前贈与をしたお金は子どもの手元に残らず、保険料に使われるので安心**できます。

▶ 生命保険を活用した相続対策は必ず専門家に相談を

　このように、生前贈与を使った生命保険の活用にはメリットがいくつもあります。そのため、ある程度の相続財産があり、早めに生

【第3章】病気の人でも使える！ 意外と知らない「**生命保険**」の活用法　　77

前贈与をしておきたい方に役立つのです。

ただし、支払いを子どもの口座から確実にすることや、贈与契約書を結んでおくなど、適切に実行するための細かいルールがあります。この方法を検討するときは、専門家へ必ず相談してください。頼れるのは税金にも詳しい生命保険の担当者か、税理士です。

▶ 加入を考えている方は早めに検討しよう

ここまで、生命保険を活用した相続対策のさまざまな方法と注意点を解説してきました。

生命保険は、相続税の節税対策になるだけでなく、財産の分割対策の方法としてもとても役立ちます。

生命保険は健康状態によって加入できる商品や条件が変わります。また、年齢が若いほうがよい条件で加入できます。ですので、**少しでも早く検討をスタートしたほうがいい**でしょう。

ただし、これらの対策を効果的に実施するためには、相続税や贈与税などの税金の知識と生命保険の専門的な知識、そして経験が必要です。

生命保険での相続対策を検討するときは、相続に詳しい生命保険の担当者や、生命保険にも詳しく相続対策にも精通した税理士に相談しましょう。

専門家に相談を！

専門家の助けを借りることで、より安心で効果的な相続対策ができ、大切な家族への財産の継承をスムーズに行うことができます。

　　　　　　　　　　　　➡P171 税理士に頼れること
　　　　　　　　　　　　➡P177 生命保険会社の担当者に頼れること

生命保険 Q&A

生命保険に関わるよくある疑問や質問、不安についてお答えします。

障がいを持つ子どもがいる親ができる相続対策はある?

障がいを持つ子どもがいる親にとって、相続対策は特に重要です。以下の３つの方法が有効です。

❶ 家族信託

家族信託は、財産の管理や運用を信頼できる家族に委ねる制度です。親が健在なうちに信託の契約を結び、子どもの生活費や医療費を信託財産から支出するよう設定できます。これによって、親が亡くなった後も子どもの生活を安定させることができます。

➡P131 家族信託

❷ 成年後見制度

成年後見制度は、判断能力が不十分な成人のために、法定後見人を選んで任せる制度です。親が亡くなった後、成年後見人が子どもの財産管理や生活支援を行います。この制度を使うことで、子どもが適切な支援を受けられる環境を整えることができます。

➡P127 成年後見制度

❸ 生命保険信託

生命保険信託を活用することで、保険金の使い道を明確にして、障がいを持つ子どもの将来の生活費や医療費を確保できます。信託会社が適切に管理するため、親の考えた通りにお金が使われる安心感があります。次のコラムで詳しく解説します。

生命保険信託って何? どんな人に役立つの?

　生命保険信託は、生命保険の保険金を信託会社に預けて、分割して少しずつ受取人に渡す仕組みです。これによって、保険金を安全かつ確実に管理できます。

　たとえば、**受取人が未成年や障がいを持っている場合**は、親が亡くなった後に一度に大金を受け取ると、管理が難しいことがあります。このようなときに生命保険信託を使えば、一定額を定期的に受け取ることができ、お金の適切な管理や使用がしやすくなります。

　生命保険信託は、保険の契約に信託の契約を加える必要があります。検討する場合は、保険会社に問い合わせをしましょう。

会社の経営者にも、死亡退職金で相続税の非課税の限度額はある?

　会社の経営者が亡くなり、死亡退職金を受け取るときも、みなし相続財産となり、相続財産の総額に加える必要があります。でも**生命保険と同じように非課税の限度額があります。**具体的には、生命保険と同じく500万円×法定相続人の数が非課税の限度額です。たとえば、法定相続人が3人いるときは1,500万円となり、受け取る死亡退職金のうち1,500万円までが非課税になります。

　役員退職金の規定がない場合も、株主総会で決議すれば支払えます。でも、規定は事前に作っておいたほうが確実です。

　死亡退職金の非課税の限度額は、個人で契約している生命保険の非課税の限度額とは別の扱いです。だからそれぞれに適用できることも知っておきましょう。

第4章

名義預金は危ない！「生前贈与」は正しく行おう

　「生前贈与」は相続対策として多くの方に利用されています。しかし法律の変更で、その方法が大きく変わりました。

　第4章では、生前贈与を正しく行うためのポイントを解説します。名義預金のリスクや贈与税の注意点をつかんで、適切な対策ができるようになりましょう。

　大切な財産を安心して次世代に引き継ぐためのポイントをお伝えします。

4-1 生前贈与をすると、なぜ節税になる？

「生前贈与」も相続の節税対策や分割対策でよく使われる王道の方法です。ただし、2024年に行なわれた税制の変更により、対策の方法も大きく変わりました。第4章では、生前贈与を使った相続税対策のメリットや注意点を詳しく解説します。

▶ 相続財産が減るので、相続税の節税効果がある

相続対策の重要な手段の1つに「生前贈与」があります。これは**生きている間（生前）に、自分の財産を他の人に無償で譲り渡すこと**を指します。生前に贈与をすると、なぜ相続税対策として効果的なのでしょうか？　その理由を説明します。

まず、生前贈与をすることで、財産を先に譲り渡すことができます。そうすると亡くなったときの相続財産が減ります。その結果、課される相続税も減るわけです。

たとえば、相続税がかかる財産が1億円ある場合、生前贈与をして1,000万円を先に譲ると、相続時の相続税は、残りの9,000万円にかかります。このように、生前贈与を行うことで相続税の節税効果があるのです。

▶ 財産を渡したい人に確実に渡せる

さらに、生前贈与は、**渡したい相手に対して、自分で確実に財産を渡すことができます。**しかも**死後ではなく生前に渡せる**のです。

相続は、財産の分け方で家族間で争いが起きることも少なくありません。自分の想いと違う分け方になってしまう可能性もあります。

でも、生前贈与なら自分の意思を確実に反映させられます。

自分が生きているときに想いや意図を直接伝えられるので、家族の間でのトラブルを未然に防ぎやすくもなるのです。

▷ 配偶者や子ども「以外」にも、簡単に贈与できる

贈与は配偶者や子どもなどの法定相続人にしかできないと思っている人も多いのですが、**実際は誰にでも贈与をすることができます。**

たとえば、親しい友人や兄弟姉妹、さらには社会貢献のためにNPO法人や慈善団体に対して贈与をすることもできます。この柔軟性が生前贈与の大きな魅力です。

ただし、安易に渡すと後々トラブルになりかねません。専門家に相談しながら、適切な贈与を考える必要があります。

▷ 贈与は「渡す人」「受け取る人」の合意がいる

贈与は、財産を「譲り渡す人」と「受け取る人」との間で行われる契約の行為です。適切なやり方が法律で細かく定められています。

そのため**生前贈与を正しく行うためには、贈与の契約書を作り、銀行振込などで贈与の記録をはっきりと残す**ことが大切になります。また、贈与を受ける側も、その財産をしっかりと管理することが求められます。具体的な方法はP94で解説します。

最後に**贈与にも税金がかかります。**それを「贈与税」と言います。相続税と贈与税の両方を理解することで、適切な相続対策をすることができます。

贈与税については、次の項で詳しく解説します。

[第4章] 名義預金は危ない！「**生前贈与**」は正しく行おう　83

4-2 贈与税って何？「暦年課税制度」とは？

　贈与税は「高い税金」というイメージを持っている人がいますが、必ずしもそうとはかぎりません。

　この項では、贈与税について正しく理解して、生前贈与を上手に活用できるようにしましょう。

▶ 「暦年課税制度」と「相続時精算課税制度」とは

　贈与税は、人から財産を譲り受けるときにかかる税金です。

　財産を受け取る側が税金を払います。

　あまり知られていませんが、**贈与税には「暦年課税」という原則的な制度と「相続時精算課税」という特例的な制度の2つがあります。**この項では、原則的な制度の暦年課税制度について解説します。

▶ 暦年課税制度は年ごとに計算し、年間110万円まで無税

　暦年課税の制度は、**1年間（1月1日から12月31日まで＝暦年）**で受け取った贈与の金額に対して、贈与税をその年ごとに計算するという制度です。

　贈与税は、暦年課税が原則的な制度です。そのため、申請をしないと自動的に暦年課税が適用されます（相続時精算課税制度を使いたいときは申請が必要です。P88で解説します）。

　暦年課税制度には、年間の贈与額が110万円以下までは贈与税がかからないという無税の枠（基礎控除額）があります。この枠に収まっていれば、贈与を受け取ったという申告も必要ありません。

■ 暦年課税制度の無税の枠

▶ 年間110万円を超えた分に税金が課される

　年間110万円の無税の枠（基礎控除額）を超えたときは、**超えた部分に対して贈与税が課されます。**

　年間110万円の無税の枠を超えた部分に対しての贈与税は、以下のように計算します。贈与の金額が増えると税率も上がっていく「累進課税」です。

❶18歳以上の子ども・孫などが受け取るとき

110万円控除後の金額	税率	控除額
200万円以下	10%	—
〜400万円	15%	10万円
〜600万円	20%	30万円
〜1,000万円	30%	90万円
〜1,500万円	40%	190万円
〜3,000万円	45%	265万円
〜4,500万円	50%	415万円
4,500万円超	55%	640万円

❷それ以外の人が受け取るとき

110万円控除後の金額	税率	控除額
200万円以下	10%	—
〜300万円	15%	10万円
〜400万円	20%	25万円
〜600万円	30%	65万円
〜1,000万円	40%	125万円
〜1,500万円	45%	175万円
〜3,000万円	50%	250万円
3,000万円超	55%	400万円

　具体例で解説します。

■ 相続税の計算の例

たとえば、1年間に300万円の贈与を受けたときは、無税の枠110万円＋超えた分190万円です。そのため190万円にのみ10％の税率となるので、贈与税は19万円です。

18歳以上の子どもが500万円の贈与を受けた場合は、390万円に対して課税がされるので、P85の左の表の「〜400万円」のテーブルを使います。390万円×15％−10万円＝48.5万円と計算します。

18歳以上の子ども・孫以外が500万円の贈与を受けた場合は、P85の右の表の「〜400万円」のテーブルを使います。390万円×20％−25万円＝53万円と計算します。

▷ 暦年贈与は「受け取る側」の金額で計算する

ここで注意すべきことがあります。それは**贈与税を計算する合計額は、渡す側ではなく「受け取る側」に適用される**ところです。

たとえば、子どもが父親から60万円、母親から50万円を贈与されたとき、これらの金額を合計します。だからこの時点で無税の枠の110万円に達します。

もし、その子どもが父親から110万円、母親から110万円を贈与されたときは合計が220万円なので、贈与税が課されます。**贈与税の申告と納税は、贈与を受けた人が、翌年の2月1日から3月15日までに行います。**これは確定申告の所得税とは別の税金です。

▷ 暦年課税の制度には「7年間の持ち戻し」がある

暦年課税制度の大きな特徴として、**贈与した財産を相続時に「持ち戻し」しなくてはいけないというルール**があります。

亡くなる前の「7年」以内に行われた贈与は、相続財産に加えて相続税を計算するという「持ち戻し」の規定があるのです。

2023年まではこの期間が3年でした。2024年の税制改正で、この期間が7年まで段階的に延長されることになりました。

2024年1月1日から、毎年1年ずつ延長されています。そして2031年1月1日からは7年間になります。

ただし、3年前より以前の期間（4～7年前）に贈与した分は、合計で100万円までは持ち戻さなくていいことになっています。

図にするとこうなります。

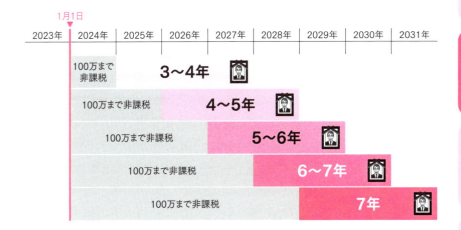

▷ 持ち戻しの対象者は法定相続人のみ

このように、亡くなる直前に生前贈与で慌てて節税対策をしようとしても、持ち戻される可能性が高くなりました。

ただし、**この持ち戻しは、基本的に法定相続人のみが対象**です。

たとえば、配偶者と子どもが法定相続人だとすると、孫などに生前贈与をしても、財産の持ち戻しはありません（例外もあります）。

生前贈与を活用した相続対策は、相続に詳しい税理士に相談しましょう。

「相続時精算課税制度」とは？
暦年課税制度とどっちがいい？

　この項では、贈与税のもう1つの制度である「相続時精算課税制度」について解説します。こちらは特例的な制度なので、使用したいときは届け出が必要です。詳しく解説していきます。

▶ 相続時精算課税の制度は「相続時に」計算をする

　相続時精算課税の制度は、**60歳以上の親や祖父母から、18歳以上の子や孫に対して行う贈与に適用できる制度**です（この年齢は、贈与した日ではなく、贈与した年の1月1日時点で計算します）。
　この制度を選ぶと、贈与の総額2,500万円まで贈与税がかからない無税の特別枠があります。その枠は贈与をする人（父母や祖父母など）と受け取る人（子どもや孫など）のペアごとに設けられています。
　たとえば、父から子どもAへ2,500万円、母から子どもAへ2,500万円を贈与すると、合計5,000万円について子どもAは贈与税がかかりません。
　これだけ聞くとよさそうですが、相続のときに、その贈与分も相続財産に加えて相続税を計算するのです。つまり、贈与税が繰り越されて相続税として課税されるのです。また、2,500万円を超えた分には、一律20％の贈与税が課されます。この分は、贈与を受けた年の翌年の2月1日から3月15日までの間に申告し、納税します。

▶ 使うには届け出が必要で、暦年課税には戻せない

　この制度を使いたいときは、贈与を受けた年の翌年の2月1日か

ら3月15日までの間に一定の書類を添付した「相続時精算課税選択届出書」を税務署に提出します。

この制度を一度使うと暦年課税へ変更することができないので、注意が必要です。この制度は贈与をする人（父母や祖父母など）と受け取る人（子どもや孫など）のペアごとに選ぶことができます。

たとえば、父から子どもAへは相続時精算課税制度、母から子どもAへは暦年課税制度というように、制度を分けて使うこともできます。

■ 相続時精算課税を選択した場合

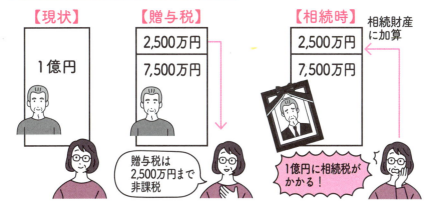

▷ 年間110万円までの無税の枠が新設

2024年の税制改正で、この相続時精算課税制度に年間110万円までの無税の枠（基礎控除額）が新しく設定され、節税メリットができました。

この**110万円以下の贈与については相続財産に持ち戻さなくていい**ということになったのです。

また、**この110万円以下の贈与は、贈与税の申告も不要**となりました（制度を使用する最初の年は届け出が必要です）。

ただし、この110万円は「受け取る人ごと」に計算されるので注意が必要です。たとえば、父から子どもＡへ60万円、母から子どもＡへ50万円を贈与すると、これで無税の枠（基礎控除額）の110万円になります。相続時に課税する2,500万円の無税の特別枠は「贈与をする人と受け取る人のペアごと」に設定されます（P88）が、それとは違うのです。

　また、**年間110万円を超えるときは2,500万円の無税の特別枠内でも申告は必要**です。贈与を受けた年の翌年の２月１日から３月15日までの間に申告します。

■ 相続時精算課税制度の税金の計算例

たとえば、18歳以上の子が、60歳以上の親から2024年に総額**1,110万円**の贈与を受けたとします。相続時精算課税制度を選びました。そうすると贈与税はかかりませんが、翌年2025年の2月1日から3月15日までに**届け出が必要です。**
年間110万円の無税の枠（基礎控除額）があるので、相続時精算課税制度としての贈与は1,000万円と計算します。

2025年には総額**100万円**の贈与を受けたとします。このときは年間の無税の枠（基礎控除額）110万円以内のため、**贈与税の申告も必要ありません。**相続時精算課税制度としての贈与の総額は1,000万円のままです。

次に、2026年には総額**1,610万円**の贈与を受けたとします。このときは年間の無税の枠（基礎控除額）を超えているので、**贈与を受けたという申告は必要です。**年間110万円の無税の枠（基礎控除額）があるので1,500万円の相続時精算課税の贈与として、翌年2027年の2月1日から3月15日までに申告します。
贈与税はかかりません。相続時精算課税の贈与の総額は2,500万円で、無税の特別枠の2,500万円以内だからです。

さらに、2027年には総額**510万円**の贈与を受けたとします。このときも年間の無税の枠（基礎控除額）を超えているので、**贈与を受けたという申告が必要**です。年間110万円の無税の枠（基礎控除額）があるので400万円の相続時精算課税の贈与として申告します。

ここで**贈与税が課税**されます。相続時精算課税の贈与の総額が2,900万円になり、相続時精算課税の無税の特別枠2,500万円を超えたからです。無税の特別枠を超えた分には一律で20％が課税されるので、贈与税は400万円×20％＝80万円になります。翌年2028年の2月1日から3月15日までに申告と納税をします。

そして、2028年に贈与者が亡くなりました。そのとき**年間110万円の無税の枠（基礎控除額）を超えて相続時精算課税として贈与をした総額2,900万円を、相続財産に足し戻して、相続税を計算**して申告をします。

ここで計算された**相続税と、先に払った贈与税の80万円は相殺されます。**たとえば相続税が100万円であった場合は、贈与税の80万円と相殺されるので、相続税として追加で払うのは20万円になるのです。逆に相続税が50万円だった場合は、先に払った贈与税80万円と相殺され、30万円が還付されます。

▶ 「相続時精算課税制度」と「暦年課税制度」はどっちがお得？

　ここまで、贈与税の２つの制度である「暦年課税制度」と「相続時精算課税制度」について説明してきました。どんな方にどちらの制度が合うのでしょうか？

　最終的には個別の家族の状況や財産状況によりますが、ポイントを表にまとめると次ページのようになります。

相続時精算課税制度が合う方	暦年課税制度が合う方
❶年間110万円までの贈与で、相続税の節税対策が十分できる方	❶年間110万円以上の贈与をして、相続税の節税対策をしたい方
❷60歳以上の親や祖父母から、18歳以上の子や孫に贈与をしたい方	❷左記以外の人に贈与をしたい方

ポイント① 年間110万円以内の贈与でいいか？

　2つの制度を比較するポイントの1つめは、相続税の節税対策として贈与をしたいときに**「年間110万円までの贈与」で足りるのか、それ以上の贈与が必要か**です。

　どちらの制度も、年間110万円までの贈与税の無税の枠（基礎控除額）があります。110万円で問題ない方は、相続時精算課税制度のほうがお勧めです。相続発生前の7年間の持ち戻しルールがないからです。

　逆に、年間110万円を超える贈与で節税をしたい場合は、暦年課税制度のほうが有利になりやすいです。たとえば、相続税が40％かかりそうな場合、贈与税で10〜30％払ってでも生前贈与を活用したほうが有利になることもあるからです。

ポイント② 誰から誰に贈与したいか？

　2つの制度を比較するポイントの2つめは、誰から誰に贈与したいかです。

　相続時精算課税制度は、60歳以上の親や祖父母から、18歳以上の子や孫に贈与をしたい方のみが使える特例的な制度です。

　それ以外の人に贈与をしたい方は、必然的に暦年課税制度を使うことになります。

▶ 制度を組み合わせることもできる

　ここまで、２つの制度のどちらを使うとよいかを解説してきました。**しかし実は、２つの制度を組み合わせて使うこともできます。**

　暦年課税制度にも相続時精算課税制度にも、年間110万円までの無税の枠（基礎控除額）があること、この110万円は「受け取る側」で計算することを解説しました。

　たとえば、同じ年に子どもが父親から110万円、母親から110万円を贈与されたら、贈与の総額は220万円です。どちらの制度を使っても無税の枠（基礎控除額）110万円を超えます。

　このとき、この親子が相続時精算課税制度の条件を満たしているとします。その子どもが父親から相続時精算課税制度で110万円、母親から暦年課税制度で110万円を贈与されたときは、贈与の合計額はそれぞれの制度ごとに計算するのです。そのため、それぞれ無税の枠（基礎控除額）110万円に収まります。

　このように、**２つの制度は同じ人が組み合わせて使える**ことはぜひ覚えておいてください。

▶ 相続に詳しい税理士に相談しよう

　贈与税には、暦年課税と相続時精算課税の2つの制度があります。そのため、それぞれのメリットとデメリットを理解して、自分の状況に合わせて選択することが大切です。

　実際には、財産状況やどう分けたいかなども含めて、総合的に判断する必要があります。

　生前贈与を使った相続対策を検討したいときは、相続に詳しい税理士に必ず相談しましょう。

➡P171 税理士に頼れること

生前贈与が「名義預金」と見なされないように注意しよう

　生前贈与を使った相続対策で特に注意をする必要があるのが「名義預金」です。生前贈与が「名義預金」と見なされてしまうと、税務調査で相続税が追徴されることがあるからです。

　この項では「名義預金」と見なされないための、正しい生前贈与について解説します。

▶「名義預金」って何?

　名義預金は、実際にお金を所有している人と口座の名義人が違う預貯金のことを指します。

　たとえば、親や祖父母が子どもや孫の名義で銀行口座を開設して、そこにお金を預けるのが典型的なケースです。

　名義人（子どもや孫）が、その預金の存在を知らなかったり、親や祖父母が通帳や印鑑を実際は管理していたりすると、名義預金と見なされます。

　生前贈与が相続で問題になるのは、名義預金が相続税の課税の対象となるからです。具体的な事例で解説します。

これは名義預金になるため注意！

名義預金とみなされ、課税されるケース

祖父が、**孫の名義で**銀行口座を開設しました。その口座に生前贈与として、毎年110万円を入金。暦年贈与の無税の枠（基礎控除額）内だと認識して、孫への贈与税の申告はしませんでした。20年間で総額2,200万円（110万円×20年）を贈与しました。
贈与をした祖父の相続が発生。生前贈与をした2,200万円は相続財産に入れずに、相続税を計算して申告しました。

税務調査が入りました。
この2,200万円は、**孫の名義を借りていただけで、実質的には亡くなった祖父が所有していた「名義預金」と見なされ、相続税の申告漏れを指摘されました。**

実際にこのようなケースがよくあるのです。
たとえば、相続税が30％だったとすると、2,200万円×30％の660万円が追徴されます。
さらに、上記の追徴とは別に、延滞税や過少申告加算税・無申告加算税などが課されることもあります。また、財産をわざと隠していたと見なされると、最悪のケースとしては35～40％の重加算税がかかる可能性もあります。

▶「名義預金」が狙われる

相続税の申告漏れの財産は、毎年「現金・預貯金」がトップになっています。名義預金は税務調査でとても発覚しやすいのです。税務署は亡くなった方の収入や預貯金の動きを調査し、疑わしいものがあるとより詳しく調べていくのです。
特に、**配偶者や子ども・孫名義の預貯金が、税務調査でチェック**

されます。「名義は変えているが、実際には亡くなった方の預金なのではないか」と税務署は目を光らせているのです。

　後から追徴課税にならないためにも、正しい生前贈与を理解しましょう。

ポイント① 贈与の契約書を結ぶ

　生前贈与を正しく行うためには、「渡す人」と「受け取る人」両方の明確な合意が必要です。この合意がないと、後で相続財産に戻されてしまうことがあります。

　贈与を正式に成立させるためには、**贈与の契約書を交わす**ことが大切です。契約書がないと、贈与ではないとみなされるリスクが高まるのです。

ポイント② 銀行への振込の記録を残す

　また、贈与の証拠として、**銀行への振込の記録をしっかりと残す**ことも大事です。振込の記録は、誰から誰にいつ贈与が行われたことを示す有力な証拠となります。

　これによって、贈与が口頭や曖昧な形で行われたのではなく、正式に行われたことを証明しやすくなります。現金の手渡しはくれぐれもしないようにしましょう。

ポイント③ 通帳・印鑑を名義人本人が管理する

　さらに、**贈与を受けた名義人本人が、預貯金の通帳や印鑑を管理することも大切**です。贈与した人ではなく名義人本人が管理することで、贈与が実質的に行われたことを示すことができます。

　以上の３つを的確に行えば、生前贈与が「名義預金」と見なされるリスクは大きく減らすことができます。

▷ 贈与契約書の書き方

　贈与契約書はパソコンなどで記入しても構いません。ただし、署名は本人の手書きがよいでしょう。書類は２通作り、財産を渡す人と受け取る人がそれぞれ１通ずつ保管します。

　贈与契約書の書き方について、ポイントと注意点を解説します。

■ 贈与契約書に盛り込む内容

誰が渡すか（贈与者）と、誰が受け取るか（受贈者）	一般的には、それぞれの名前と住所を書けば問題ありません。
何を贈与するか	具体的に書きます（たとえば「金500万円」など）。 ※不動産などは、名義変更の手続きが必要になるので、地番などで明確に特定します。
贈与の方法と日付	どうやって渡すか（銀行の振込や現金の手渡しなど）、契約を結んだ日を書きます。
署名と押印	贈与者と受贈者のそれぞれが、署名をして押印します。 ※署名は本人の手書きが望ましいです。 ※印鑑は認印でも大丈夫ですが実印の方がよいでしょう。

【第4章】名義預金は危ない！「**生前贈与**」は正しく行おう　97

■ 贈与契約書の例文

贈与契約書

贈与者 加納敏彦（以下「甲」という）と、受贈者 加納一郎（以下「乙」という）は、次の通り贈与契約を結びます。

第1条 甲は乙に対して金500万円を贈与することを約し、乙はこれを承諾しました。

第2条 甲は、前条の金員を、2024年5月31日までに、乙が指定する銀行口座に振り込む方法により、一括で支払います。振込手数料は甲が負担します。

この契約の成立の証として、この契約書を2通作成し、甲乙双方が署名捺印し、各自1通を保管します。

2024年5月1日

（甲）住所 東京都渋谷区○○町○-○-○
名前　加納敏彦　㊞

（乙）住所 東京都新宿区△△台△-△-△
名前　加納一郎　㊞

※贈与が不動産以外（現金や株式など）のときは収入印紙は不要です。
　贈与が不動産の場合は契約書ごとに一律200円の印紙を貼ります。

▷ 未成年との契約はどうやる？

　生前贈与は、祖父母や親から、子どもや孫にするケースも多いです。そのとき、受け取る人が未成年ということもあります。未成年の人との贈与契約のやり方を解説します。

　まず、**未成年でも贈与を受けるだけの契約はできます**。贈与は、財産を譲り渡す人の「あげます」という意思表示に対して、受け取る人が「もらいます」という意思表示をすれば成立するからです。

　そのような最低限のことがわかる年齢であれば、契約自体は成り立ちます。

▷ 親権者の承諾が重要

　ただし、**親権者（親権を持っている人）の同意を得るか、親権者が未成年者を代理として契約することが望ましい**です。そうしないと、後から親権者が贈与の契約を取り消す可能性があるからです。

　贈与の契約をするときは、親権者の署名と押印も必要だと考えておきましょう。未成年の人が署名できるなら署名と押印をします。さらに親権者も署名と押印をします。

▷ 相続に詳しい専門家に相談しよう

　このように、相続対策として生前贈与を検討するときには、正確な手続きを踏むことが大切です。相続に詳しい専門家のサポートを受けながら正しい方法で生前贈与を行い、相続対策を進めましょう。

　生前贈与での節税対策は税理士、財産の分け方については弁護士、贈与契約書などの書類の書き方については司法書士や行政書士に相談しましょう。

➡P161《付録》円満な相続を実現するための「信頼できる専門家」の見つけ方

4-5 贈与税がかからない「6つの贈与」を賢く使おう

　贈与税には、条件を満たすことで、一定の金額までは贈与税がかからない特例的な制度がいくつもあります。これらの制度を知って、使えるものがあったら賢く活用していきましょう。

▶ 贈与税がかからない「6つの贈与」とは

①子どもや孫への生活費・教育費の贈与

　子どもや孫への生活費や教育費として贈与するときは**「通常必要と認められるもの」については、贈与税はかかりません。**たとえば学費や塾代、生活費などがそれに当たります。これはここまで解説してきた**年間110万円の贈与税の無税の枠（基礎控除額）とは別で計算**します。ただし「通常必要と認められるもの」の前提は、贈与した都度、生活費や教育費として使い切ることです。金額や内容に迷うときは、税理士に相談しましょう。

②教育資金の一括の贈与

　①とは別に、親や祖父母（直系尊属といいます）から30歳未満の子どもや孫へ、**教育資金として一括で1,500万円まで**を無税で贈与できます。受け取る側一人につき1,500万円までです。

　銀行などを通じてこの制度を利用すると、高額な学費や留学費用などを一括で支援することができます。

③結婚・子育て資金の贈与

　親や祖父母（直系尊属）から18歳以上50歳未満の子どもや孫へ、結婚や子育て資金として、受け取る側一人につき**1,000万円まで**

を無税で贈与できます。銀行などを通じてこの制度を利用することで、結婚資金や子育ての費用をサポートできるのです。

④住宅購入資金の贈与

　親や祖父母（直系尊属）から18歳以上の子や孫へ、住宅購入資金として受け取る側一人あたり**500万円（省エネ等住宅の場合は1,000万円）まで**無税で贈与できます。これは若い世代の住宅取得をサポートするための制度です。

⑤障がい者への贈与

　障がい者をサポートするための制度もあります。「特定障害者扶養信託契約」という契約を結ぶと、**特別障害者という条件を満たすと6,000万円、そのほかの特定障害者という条件を満たすと3,000万円まで**を無税で贈与できます。これは、障がい者の方の将来の生活をサポートするための制度です。この制度を検討したい方は、相続に詳しい税理士や信託銀行に相談しましょう。

⑥配偶者への自宅の贈与（おしどり贈与）

　婚姻の期間が20年を超えた夫婦の間で、配偶者に対して自宅やその購入資金を無税で贈与することができます。

　この制度は、**一生に一度だけ2,000万円まで**を無税で贈与することが認められています。これを通称「おしどり贈与」と言います。

▷ 各制度の条件などは専門家に確認しよう

　各制度には細かい条件や期限などがあります。どの制度が自分に合っているのか、またどのように活用すればいいかを知りたい方は、相続に詳しい税理士に早めに相談しましょう。

➡P171 税理士に頼れること

【第4章】名義預金は危ない！「**生前贈与**」は正しく行おう　101

贈与税 Q&A

生前贈与に関わるよくある疑問や質問、不安についてお答えします。

「贈与税」と「相続税」はどんな関係にありますか?

贈与税は、相続税の補完税と位置づけられています。

相続税と贈与税は、財産が移るときの課税を目的としていますが、そのタイミングが違います。

贈与税は、相続税逃れを防ぐために設けられました。 財産を築いた人が生前に財産を贈与して、相続税を回避するのを防止するために、贈与税が高めに設定されているのです。それによって、税の負担が公平になるように設計されています。

第 **5** 章

「不動産」での
相続対策は
落とし穴が
いっぱい！

　相続において、不動産の対策はとても大切です。不動産は分けるのが難しく、家族間でのトラブルの原因となりやすいからです。

　相続財産になる自宅をどうするか、早めに考え始めることが特に大切になります。

　第5章では、自宅を始めとした不動産の相続対策について解説します。

なぜ相続対策で「不動産」が大切なのか？

　この項では、相続対策の中で不動産が特に重要になる理由を３つ解説します。
　そして注意点や問題点を、次の5-2で解説します。

▶ 理由❶ 不動産は相続後に分けにくいから

　相続対策において不動産が重要になる理由の１つめは、**土地や建物が現物として分けるのが難しい財産**だからです。
　たとえば、相続が起き、土地の現物を相続人全員で平等に分けたいとします。
　そのとき、１つだった土地を物理的に分ける（これを「分筆」と言います）という方法があります。ただし分筆するには時間や労力、多大な費用がかかることが多いです。さらに、建物はより分けるのが困難です。
　そのため、事前の相続対策が重要になるのです。

土地や家は平等な配分が難しい

▶ 理由❷ 正確な価値がすぐに出せないから

　２つめの理由は、**不動産の正確な価値がつかみにくい**からです。
　たとえば、特定の誰かに不動産を相続させたいとします。しかし、

その不動産の価値が4,000万円なのか5,000万円なのかが、すぐに正確にわからないことが多いのです。

　すると、相続人の間で、それをいくらの価値とみるかの合意を取るのが難航することがあります。なぜなら、不満が募ったり争いが起こったりしやすいからです。

　だから、事前の対策が必要なのです。

▶ 理由❸　将来のトラブルになりやすいから

　3つめの理由は、不動産が分けにくく正確な価値も計算しにくいため、事前に対策をしていないと**数人の相続人で共有することになるケースも多い**からです（それを「共有名義の相続登記」と言います）。

　しかし、そうしてしまうと、管理の仕方や将来の売買などが難しくなります。なぜなら、売ったり貸したりするためには共有者全員の同意が必要だからです。合意に時間がかかることも多く、意見が割れることもあります。

　また、共有状態を放置してしまうと、次の世代に相続が進むにつれて共有者がさらに増え、疎遠な人同士で共有することになるというリスクもあります。

　だから早めに手を打つ必要があるわけです。

【第5章】「**不動産**」での相続対策は落とし穴がいっぱい！　　105

▷ 売るのが難しい不動産もある

　**別荘地、農地、山林など、売るのが難しい不動産もあります。そ
れらをどう処分したらいいか**という相談も増えています。

　このような不動産を相続した場合でも、相続税の対象になります。
誰も相続したくないので、相続人同士で押し付け合いになり、揉め
る原因になります。**こういう不動産は、早めに処分しておくのが望
ましい**です。

　対策としては、

◉親族や近隣の人に無料で引き取ってもらう
◉買取業者に有料で引き取ってもらう

　などが考えられます。

　有料で引き取ってもらうことに抵抗感を持つ方もいますが、次の
世代まで考えると、その方が得策であることがあります。

▷ 不動産をどうするか、早めに考え始めよう

　このように、物理的に分けることが難しく、価値も正確に把握し
にくいのが不動産です。売ることが難しい不動産もあります。**不動
産がある方は、それをどうするのかを早めに考えておく必要があり
ます。**

　特に、親など財産を残す人の自宅をどうするかが大切なポイント
です。次の項で具体的に解説します。

5-2 自宅をどうするかを考え始めよう

　相続財産になる自宅の不動産対策は、特に大切なポイントです。自宅は多くの家庭において、相続財産の中でも大きな割合を占めるうえに分けにくいので、相続人が複数いるとトラブルになる可能性もあります。そのため、早くから適切な対策をする必要があります。

　この項では、自宅について、考えておくべきポイントや主な選択肢などを解説します。

▷ 住む家の計画を考えよう

　自宅を終の棲家にするのか、自宅以外の施設に将来的に入るのか。住居について考えることは、相続対策としてもこれからの人生を考えるうえでも、とても大切です。

　たとえば最期まで自宅に住み続けたいときは、日々の生活の維持費やメンテナンス費用をどうするかを考える必要があります。

　また、施設に入りたいときは、その資金をどこから捻出するかを考える必要があります。たとえば、自宅を売ってその資金を確保することも検討が必要になるかもしれません。

　自宅をどうするかについての主な選択肢を紹介します。

▷ 選択肢❶ 自宅に住み続ける

　自宅に住み続けることは、多くの人にとって一番シンプルな選択肢です。**住み慣れた家にそのまま住み続けることで、生活の変化を最小限に抑えることができます。**

　ただし、介護が必要な状態になると、バリアフリーや介護サービ

【第5章】「不動産」での相続対策は落とし穴がいっぱい！　107

スなどの検討も大切です。これらには**お金も家族の協力も必要**です。

また、相続人が複数いるときは、自宅を相続する人としない人との間で不公平感が生まれやすいです。**自宅以外の財産を含めてどう分けたらいいのかも今から考えておく**ことが大切です。

さらに、**亡くなった後に空き家になるなら、相続後の売却についても考えておく**といいでしょう。細かな要件がありますが、相続した空き家を売ったときの譲渡税を安くできる特例もあります。空き家の維持や管理は思った以上に大変です。固定資産税の負担、防犯対策などが必要になり、管理を怠ると近隣トラブルや、不動産の価値が下がることにつながります。

そのまま住むためにしっかり準備！

▶ 選択肢❷ 自宅を賃貸に出す

自宅が利便性の高いところにあるときは、**自宅を賃貸に出すことで、家賃収入を得られる可能性もあります。**

親が高齢者住宅や介護施設に入り、相続後は子どもなどの家族が住む予定なら、期限付きで賃貸に出すのもいいかもしれません。

ただし、賃貸の経営には初期のリフォーム代や維持管理、修繕費用もかかります。専門家に相談しながら、事前にしっかりとした計画を立てることが大切です。

家賃収入で継続的な収入に！

▶ 選択肢❸ 生前に自宅を売る

相続後に誰も住む予定がないときは、自宅を生前に売ることも1つの選択肢です。

自宅を売ったお金で利便性のいい場所に住み替えたり、高齢者住宅や介護施設に入ったりすることもできるかもしれません。

ただし、生前に自宅を売って利益が出たら、譲渡所得税などの税金がかかり、売却には通常仲介手数料などの諸経費がかかります（要件を満たせば「居住用財産を譲渡した場合の3,000万円の特別控除の特例」はあります）。

売却資金で住み替えなどを選択可

▶ 選択肢❹ リバースモーゲージを活用する

リバースモーゲージは、自宅を担保にして高齢者が銀行などから融資を受ける仕組みです。直訳すると「リバース（逆）」「モーゲージ（抵当権）」という意味です。下のイラストが簡単な説明です。

この方法を利用すれば、**高齢者が自宅に住み続けながら、生活資金を得られます。**元金の返済は契約者が亡くなった後に行われます。融資の返済は自宅を売ったお金で行われるのが一般的です。

ただし、利息分の返済は必要です。また、契約するときには推定相続人の同意が必要になることが多いです。

注意点としては、不動産の価値が下落したときは、家の売却代金で返済しきれない可能性があります。また、想定より長生きしたときに、生活資金が足りなくなる可能性も出てきます。

リバースモーゲージは、ここに書いた以外（利率など）の注意点もあります。検討したいときは、専門家に早めに相談しましょう。

▶ 相続後に、配偶者が無償で自宅に住み続けられる新権利

自分が亡くなった後の自宅に、配偶者が引き続き住み続けるときに、そうしやすくする権利が2020年4月から新設されました。

それを**「配偶者居住権」**と言います。

亡くなった人が所有していた建物に、残された配偶者が亡くなるまで無償で住み続けられる権利です。

建物の権利を「所有権」と「居住権」に分け、残された配偶者が建物の所有権を持っていなくても、居住権を持つだけで引き続き住み続けられるようになったのです。

図にすると次のページのようになります（たとえば夫が亡くなり、後妻と前妻の子が相続人の場合）。

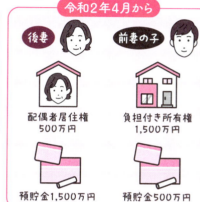

※配偶者居住権の権利を第三者に対抗（主張）するためには、建物に対して不動産登記手続が必要です

▶ 細かい要件や注意点をきちんと把握することが重要

　配偶者居住権を得るには、細かい要件があります。また、要件を満たせば権利は得られますが、他の人に主張するには建物に対して配偶者居住権の登記をしたほうがいいです。

　配偶者居住権を設定したときの注意点もあります。その家を売りたくても、その配偶者が住む権利がついているので、売りにくくなります。配偶者の存命中に家を売る可能性があるときは、配偶者居住権は合わないかもしれません。

　他にも細かい要件や注意点があります。検討したいときは、相続に詳しい司法書士などに相談しましょう。

▷ 自宅の時価を算定しよう

　自宅をどうするかを考えるときには、その時価（今売るといくらになるか？）を知ることが大切です。時価をつかめれば、相続の分割対策や相続税の納税対策の参考になります。

　不動産会社に査定を依頼して確認するのがいいでしょう。

▷ 認知症になる前に対策しよう

　不動産の相続対策を進める上で注意点があります。それは、**これらの相続対策は、認知症になった後からではできなくなってしまう**ことです。

　認知症の症状が出てくると判断力が低下したと見なされて、お金を下ろしたり何かの契約をしたりすることができなくなることがあります。だから、そうなる前に準備を終えておく必要があります。

　認知症については、次の第6章で解説します。

➡P121《第6章》「認知症」対策

▷ 相続と不動産に詳しい専門家に相談しよう

　ここまで自宅を中心に、相続対策においてなぜ不動産が大事なのか、どういう選択肢があるのかを解説してきました。

　家族や専門家としっかり相談し、ベストな選択肢を見つけることが大切です。**相続と不動産の両方に詳しい税理士や司法書士などを頼りましょう。**

　不動産会社に相談するときには注意が必要です。基本的には「不動産を売る、買う、建てる」ありきの提案になりやすいからです。次の項でも解説します。

5-3 不動産会社・ハウスメーカー・銀行の「甘い節税トーク」に乗ってはいけない

「不動産を購入することが、相続税の有効な節税対策になります」
不動産会社のこのような説明は、魅力的に聞こえます。

不動産に関する甘い節税トークに心を動かされるかもしれません。しかし、これらには多くのリスクがあります。

ここでは、不動産の相続税対策のリスクと注意点を解説します。

▷ 預貯金を不動産にすると相続税を減らせるのは事実

不動産は預貯金などより、相続税の評価額は下がります。これは事実です。

たとえば、預貯金が1億円あるとします。それをそのまま相続すると1億円で評価されますが、もしもその1億円で1億円の自宅用の土地を買ったらどうなるでしょうか？

自宅の土地の相続税の評価額は、時価より低くなることがほとんどなのです。市街地の自宅用の土地の評価は「路線価」で計算します。路線価は、国税庁が出している主要な道路（路線）に面する土地ごとに出している価格です。

路線価は、土地の「公示地価」（国から公表された土地の時価）の80％程度になることがほとんどです。

公示地価（国から公表された土地の時価）
路線価（公示地価の80％）

【第5章】「**不動産**」での相続対策は落とし穴がいっぱい！　113

相続税を計算するにはこのように評価するので、預貯金を不動産にすると評価額が下がり、結果として相続税も減らせるのです。

▷ 賃貸不動産だと、さらに相続税を減らせる

「アパートを建てれば、相続税の節税になります」

ハウスメーカー（建設会社）のこういう話を聞いたことはないでしょうか？

リスクが高いのでお勧めはしませんが、アパートなどの賃貸用の不動産を所有すると、相続税の評価額を下げられることは事実です。

たとえば、**アパートが建っている土地は「貸家建付地」として評価されるので、一般の土地の評価額よりも約20％ほど低くなる**のです。**建物も30％評価を下げられます。**

そのため、相続税の負担をさらに減らすことができるわけです。

▷ 「小規模宅地等の特例」だけで対策できることも多い

しかし、これらの説明で注意すべきポイントがあります。それは**アパートなどの賃貸用の不動産をわざわざ購入しなくても、相続税の評価額を大きく減らせる**可能性があるということです。

それがP32で紹介した「小規模宅地等の特例」の制度です。この制度は、残された方が引き継いだ自宅にそのまま住んだり、事業を続けやすくしたりするための特別な措置です。

これを使うと、自宅や事業用の土地の評価額を、一定の面積まで80％か50％も減らせるのです。

不動産の相続税対策を考えるときには、この制度が使えるのかを最初に確認することが大切です。これを使うだけで、不動産の相続税対策が完了できる人も多いのです。

114

▷ 不動産での相続税対策は知識と経験が必須

　ここまで見てきたように、**不動産を活用して相続税を節税するには、専門的な知識と経験が必要**です。不動産の価値を正しく評価すること、安定した賃貸経営を行うことなど、多くの課題があります。

　特に**賃貸不動産では、空室が出るリスクや借り手とのトラブル、修繕費用などの管理コストも考えなければなりません。**これらの管理を怠ると、節税どころか、かえって経済的な負担が増えてしまうこともあります。

　また、亡くなる直前に不動産を購入するなどした場合には、相続税の計算上、不動産による評価減が税務署から認められなくなる可能性もあります。

　税理士などの専門家に事前に相談するようにしましょう。

管理は想像以上に大変…

▷ 融資の話はリスクもあるので慎重かつ冷静に判断

　また、**不動産を買ったり建てたりするために借金をしても、それが必ずしも相続税対策になるとは限りません。**不動産を現金で買ったり建てたりしても、借金でそうしても、節税の効果は同じです。

銀行は融資をしたいので、現金がない人に対して「うちが融資をするので、アパートを建てて節税対策をしましょう」とセールスをすることが多いので注意しましょう。

　借金自体が悪いわけではありませんが、過剰な借金はリスクを高めます。借金をしてアパートを建てたのに返済が苦しくなり、結局、土地も建物も手放す……ということも珍しい話ではありません。

　これらを踏まえて、不動産会社・ハウスメーカー・銀行の節税対策の話に乗る前に、**メリットとデメリット・リスクを冷静に比較することが大切**です。

▶ 中立な立場で相談に乗ってくれる専門家を頼ろう

　不動産を活用した相続税対策を考えるときは、専門家のアドバイスを受けることをお勧めします。**中立的な立場で相談に乗ってくれそうな、税理士（司法書士、ファイナンシャルプランナーなど）に相談する**ことで、より適切な相続税対策ができます。人数が絞られますが、不動産と相続の両方に詳しい専門家を頼るのが理想です。

　甘い言葉に惑わされず、冷静に検討することが大切です。

専門家と冷静に検討しよう！

相続登記の義務化に対応しよう

不動産に関連する相続対策の最後のテーマとして「相続登記の義務化」について解説します。

▶ 相続登記の義務化とは？

相続が発生したら、相続人は不動産の名義変更をする必要があります。これを**「相続登記」**と言います。

この相続登記の義務化が、2024年4月1日から施行されました。この新しいルールによって、相続が発生したときは、3年以内に相続登記をすることが必須になったのです。

それまでは任意で、罰則もありませんでした。今回の改正で、**違反した場合には10万円以下の過料が科される**こととなりました。

▶ 相続登記の放置はトラブルの火種になる

この義務化の背景には、相続登記を放置することで、問題が多発している現状があります。不動産の名義が亡くなった方のまま長い間放置されてしまっているのです。そうすると次の相続が発生したときに手続きが複雑になり、相続人同士のトラブルが増える原因となります。

また、放置された不動産は管理がされず、近所の方にとってもトラブルを引き起こすことがあります。このようなリスクを減らすために、相続登記の義務化がスタートしたのです。

【第5章】「不動産」での相続対策は落とし穴がいっぱい！　　117

▶ 義務化は、過去の相続にも当てはまる

さらに、**相続登記の義務化は、過去に相続が発生しているけどまだ登記を済ませていないケースにも適用**されます。そのため、相続がすでに発生している方も早めに手続きを行う必要があります。放置せずに対応しましょう。

▶ 相続登記の進め方

相続登記をするには、以下のステップで進めます。

ステップ❶ 相続人全員で話し合い、誰がどの不動産を相続するかを決める。
ステップ❷ 必要な書類（戸籍関係）をすべてそろえる。
ステップ❸ 遺産分割協議書を作る。
ステップ❹ 管轄の法務局に申請書類を出し、相続登記を終わらせる。

手続きには多くの書類が必要となりますが、主な書類として以下のものがあります。

被相続人の戸籍謄本（出生から死亡まで）と、住民票の除票または戸籍の附票
相続人全員の印鑑証明書、戸籍謄本
不動産を引き継ぐ相続人の住民票または戸籍の附票
固定資産評価証明書

これらの書類をそろえるのは手間がかかります。手続きをスムー

ズに進めたいときは専門家に依頼することをお勧めします。

▷ 相続に詳しい司法書士に相談しよう

　不動産の名義変更に詳しい専門家は司法書士です。司法書士は相続登記の手続きに詳しく、必要な書類の準備から手続きの代行まで対応してくれます。

　これらの手続きを進めるうえで、わからないことや不安があるときは、早めに相談しましょう。

　登記を適切にすることで相続トラブルを防ぎ、大切な不動産を次の世代にスムーズに引き継ぐことができます。

➡P173 司法書士に頼れること

【第5章】「不動産」での相続対策は落とし穴がいっぱい！　119

不動産 Q&A

不動産に関わる相続対策でよくある疑問や質問、不安についてお答えします。

Q 相続した土地を国が引き取ってくれるのですか？

　はい、国が引き取ってくれる「**相続土地国庫帰属制度**」が、**2023年4月27日にスタート**しています。

　相続した土地について、「遠くに住んでいて利用する予定がない」、「周りの土地に迷惑がかかるから管理が必要だけど、負担が大きい」などの理由で、土地を手放したい人が増えています。

　このような土地が放置されることで、将来「所有者不明土地」になってしまうことを防ぐ必要があります。
　そこで、**相続や遺贈（遺言によって特定の相続人に財産の一部または全部を譲ること）で土地の所有権を得た相続人が、一定の要件を満たしたときに、土地を手放して国庫に帰属させられる**ようになりました。

　この制度を検討したい方は、この制度に詳しい司法書士や不動産の専門家などに相談しましょう。

第6章

「認知症」と診断される前が相続対策のラストチャンス！

　認知症が進んでいくと、相続対策ができなくなってしまいます。認知症で判断能力が失われると、法的な意思表示ができなくなるからです。つまり、認知症と診断される前に相続対策を済ませておくのが望ましいのです。
　第6章では、誰にも訪れる可能性がある「認知症」をテーマに、スムーズに相続対策を進めるポイントを解説します。

認知症の症状が出る前に対策しないと手遅れになることも

　相続対策を考える上で、避けては通れないのが「認知症」です。財産を残す人が認知症と診断されてしまうと、もう相続対策ができなくなってしまうこともあるからです。
　この項では、認知症がどういう状態なのかを解説します。

▶ 認知症の人が増えている

　認知症の人の数は、2025年には約700万人になると予測されています。これは**65歳以上の方の「約5人に1人」**の割合です。
　厚生労働白書を見てみましょう。

■ 認知症の人の将来推計

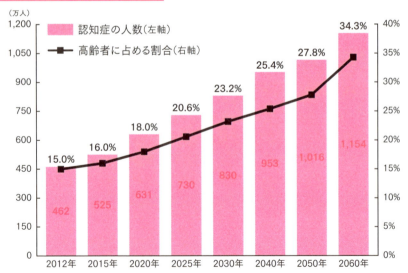

※2023年度「厚生労働省の認知症施策推進総合戦略（新オレンジプラン）〜認知症高齢者等にやさしい地域づくりに向けて〜」より作成
（各年齢の認知症有病率が上昇する場合の将来推計）

このグラフからもわかるように、高齢者に占める認知症の人の割合はどんどん増えていて「4人に1人」「3人に1人」になっていくことが予測されています。しかも軽度の認知障害の人を加えると、この割合はもっと上がります。

「4人に1人」という割合は、**ある夫婦にそれぞれに両親がいたら「その4人の親のうち1人が認知症になる」**という計算です。このように、認知症の問題はすべての家庭で考えるべきテーマなのです。

▷ 認知症とは?

　よく耳にする「認知症」とは、そもそもどんな状態でしょうか?

　認知症とは、記憶・判断力などの「認知」機能が下がって、社会生活に支障が出ている状態です。

「いろいろな原因で脳の細胞が死んでしまったり、働きが悪くなったりしたためにさまざまな障害が起こり、生活するうえで支障が出ている状態（およそ6ヵ月以上継続)」を指します（厚生労働省の政策レポートより）。

▷ 「加齢によるもの忘れ」とどう違う?

　歳を取ると、誰もが思い出したいことがすぐに思い出せなかったり、新しいことを覚えるのが難しくなったりします。

「もしかして自分も認知症なの?」と不安になるかもしれません。でもこれは「加齢によるもの忘れ」で、「認知症」とは違います。

【第6章】「認知症」と診断される前が相続対策のラストチャンス!　123

■「加齢によるもの忘れ」と「認知症によるもの忘れ」の違い（一例）

	加齢によるもの忘れ	認知症によるもの忘れ
体験したこと	一部を忘れる 例）朝ごはんのメニュー	すべてを忘れている 例）朝ごはんを食べたこと自体
もの忘れの自覚	ある	ない（初期には自覚があることが少なくない）
日常生活への支障	ない	ある
症状の進行	極めて徐々にしか進行しない	進行する

※政府広報オンライン「知っておきたい認知症の基本」より

　このように「認知症によるもの忘れ」と「加齢によるもの忘れ」はかなり違います。

「認知症によるもの忘れ」は、体験したこと自体を記憶できなくなり、もの忘れの自覚が乏しくなります。そして日常生活に支障をきたしてしまうのです。

「加齢によるもの忘れ」は、もの忘れを自覚していて、後から思い出すこともあります。新しいことを覚えることもできますし、日常生活に支障をきたすことはありません。

▷ 少しでも不安に感じたら早めに対策を

　もの忘れ自体を過剰に怖がる必要はありませんが「最近、もの忘れが増えた」と感じたら、相続対策を急いだほうがいいでしょう。

　また、家族信託をしたい場合も早めに検討することをお勧めします。

➡P131 家族信託

6-2 認知症や介護が必要になったら「自宅を売ればいい」は大間違い

認知症が進むと、どんなことが起こるのでしょうか？　知識がないとなかなか想像できないかもしれません。

この項では、認知症が進行すると法的には何が問題になるのか、どれほど大変なのかを解説します。

▶ 認知症が進むと、お金も下ろせないし自宅も売れない

相続対策において特に問題になるのは、認知症が進んで契約に必要な判断力が失われると、契約などの法律行為が一切できなくなることです。

そのため、本書で解説してきた**相続対策が、認知症になると困難になってしまう**こともあるのです。たとえば

●遺言書を今のうちに作っておこう
●相続対策用の生命保険に加入しよう
●生前贈与をしておこう
●今のうちに自宅を売って、財産を分けやすくしよう

などの効果的な対策が難しくなります。

相続対策だけではありません。次ページで紹介していることも契約行為なので、認知症になった人は困難になります。

【第6章】「認知症」と診断される前が相続対策のラストチャンス！　125

●預貯金を下ろす、定期預金を解約する
●株を売買する
●家やアパートなどを売る、建て替える、リフォームする

「認知症が進んだり介護状態になったりしたら、そのときに自宅を売ったり定期預金を下ろしてお金を工面すればいい」と考える方がいますが、そのタイミングでは少し遅いのです。

▶ 認知症になっていると遺産分割協議もできない

相続において、認知症になると一番困るのが、相続人として遺産分割をしなければいけないときです。

判断能力がないと、遺産分割協議書に印鑑を押しても有効なものと扱われないのです。そうすると相続の手続き全体が止まってしまいます。

では、すでに認知症になっている人はどうしたらいいのでしょうか？ 次の項で解説します。

認知症で判断能力が低下したら「成年後見制度」を使うしかない

高齢化が進む中で、判断能力が低下する方が増えています。このとき大切な役割を果たすのが「成年後見制度」です。

認知症になることで判断能力が不十分になった方の権利や財産を守るための制度です。詳しく解説します。

▶ 「成年後見制度」とは?

認知症が進んで判断能力が失われると、お金の引き出しや生活に必要な買い物、いろいろな契約の手続き、財産の管理など、これまで本人が日常生活でやってきたことが困難になります。

そのような**判断能力に問題のある方を守るために、法律上の代理人を選んで支援するのが「成年後見制度」**です。

成年後見制度は「任意後見」と「法定後見」がありますが、この章で言う**法律上の代理人は「法定後見人」**を指します。

■ 2種類ある「成年後見制度」

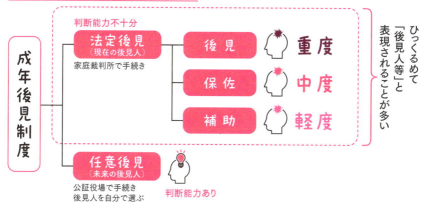

【第6章】「認知症」と診断される前が相続対策のラストチャンス!　127

「法定後見」は、本人の判断能力がどれだけ低下したかに応じて「後見」「保佐」「補助」の３つに分かれます。

■ 法定後見とは

後見	最も重度で、常に判断能力を欠くときに適用される
保佐	判断能力が著しく不十分なときに適用される
補助	判断能力が不十分なときに適用される

この３つの後見人をまとめて「後見人等」と表現することが多いです。法定後見人等をつけると、認知症になった人がした契約を取り消すことができるので、本人の財産や権利を守ることができるというメリットがあります。

■ 任意後見とは

本人が判断できるうちに、将来の後見人を自分で選んで契約するもの

こちらは公証役場で契約手続きをします。将来、自分の判断能力が低下した後で、その任意後見人が正式な代理人となります。

▶ 法定後見人等を誰にするかは家庭裁判所が決める

法定後見人に誰がふさわしいかは、家庭裁判所の裁判官が決めます。登録されている専門家か、立候補した親族などの中から選ばれます。

2019年に最高裁判所が「後見人は親族が望ましい」とする報告をしました。親族の立候補は申立て全体の２〜３割となっており、いわゆる「おひとり様」の後見申立てが増えていることがわかります。

▷ 親族が立候補しても選ばれないこともある

親族が法定後見人になることを認めてもらいにくいケースとして

> ● 立候補者が法定後見人になることに、他の推定相続人からの同意が得られなかった
>
> ● 提出書類の通帳の写しに使途不明金があり、その説明がうまくできなかった

などがあります。その時は、家庭裁判所がランダムに選んだ専門家が法定後見人に選任されます。

また、**財産が多額**だと特定の親族に管理させるのはよくないと判断されやすくなります。そのときは専門家が選ばれたり、親族後見人を監督する人（後見監督人）をつけられたりすることもあります。

▷ 専門家を法定後見人にすると費用がかかり続ける

専門家が法定後見人になると、年間で最低24万円の報酬がかかります（家庭裁判所ごとに報酬規程が異なります）。また、現状は法定後見人を一度つけると、本人の判断能力が回復するなどしない限りやめることができません（法改正が検討されています）。一度つけると、ずっと費用がかかり続けるのです。

▷ 事前に信頼できる専門家を指名することが理想

親族の中で立候補する人がおらず、「家庭裁判所に一任」すると申請すると見ず知らずの専門家が法定後見人に選ばれるので、お互いに信頼関係が上手く作れないこともあります。

そのため、**専門家をつけたいときは、事前に信頼できる専門家に**

【第6章】「**認知症**」と診断される前が相続対策のラストチャンス！　129

相談をして、その人を指名する方法があります。そうすれば、指名した専門家が選ばれる可能性が高いです。

　ただし、**専門家が法定後見人になったとしても、日々の生活をすべてサポートするわけではありません。**たとえば、身体の介助などは後見人の仕事ではありません。介護が必要なときに介護事業者と契約して、適切な介護を受けられるようにすることが後見人の仕事です。

▶ 成年後見人がついても生前贈与はできない

　相続対策でのこの制度の特徴として、**成年後見人がついても生前贈与はできません。**生前贈与は契約行為なので、成年後見人がついたらできそうです。でも成年後見人はご本人の財産を守ることが仕事なので、財産を単に減らす行為である生前贈与はできないのです。

　また、**自宅を売るには家庭裁判所の許可が必要**です。しかし**相当な理由がないと許可が下りません。**

▶ 検討したいときは、弁護士か司法書士に相談しよう

　法定後見制度を使うには、他にも細かい注意点があります。この制度を検討するときは、早めに専門家に頼りましょう。

　法定後見制度の相談に乗れるのは、弁護士と司法書士です。家庭裁判所の後見等開始申立ての手続きの相談も受けてくれます。後見制度に詳しく、この制度の経験値が高い弁護士・司法書士を頼りましょう。

　また、次の項で解説する家族信託も併せて検討することを本書ではお勧めします。

6・4 認知症になる前に「家族信託」を検討しよう

　家族信託は財産を管理する方法の1つで、認知症の対策や相続の対策として注目されています。家族信託をすると、財産を所有している人が認知症になっても、資産が凍結されないのです。
　ただし、家族信託も契約行為なので認知症になる前に実行する必要があります。この項では、家族信託の活用法について解説します。

▷ 家族信託とは？

　家族信託は「自分の財産（不動産・預貯金・有価証券等）を、信頼できる家族や相手に託し、特定の人のために、あらかじめ定めた信託目的に従って、管理・処分・承継する」財産管理の方法です（法務局のHPより）。
　認知症などで判断能力が低下しても、家族信託の目的に沿って、本人の財産を家族が柔軟に活用できます。

■ 家族信託の仕組み　※法務局の資料より作成

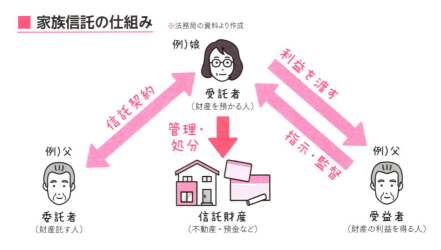

【第6章】「認知症」と診断される前が相続対策のラストチャンス！

家族信託の主な登場人物は「委託者」「受託者」「受益者」です。

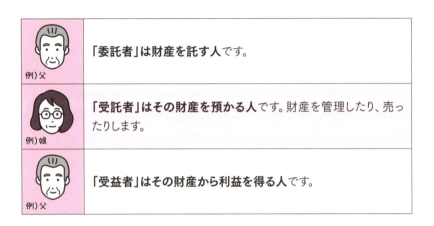

一般的には、親が委託者と受益者で、子どもが受託者となるケースが多いです（受託者は家族以外でもなれます）。

認知症の対策としての家族信託

認知症の対策としても家族信託は有効です。家族信託を活用することで、親が判断能力を失ったときでも、財産の管理を適切に行うことができます。

認知症になると、以下のようなことができなくなるとP126で解説しました。

- 株を売買する
- 家やアパートなどを売る、建て替える、リフォームする

でも、**家族信託の契約にこれらの権限を入れておけば、委託者が認知症になった後も受託者がこれらをできる**ようになるのです。

家族信託は成年後見制度より自由度も高く、面倒な家庭裁判所の手続きがいりません。**家族の負担を減らすことができる**のです。

▷ 銀行口座のお金は操作できない

ただし、**親の銀行口座の「預貯金を下ろす、定期預金を解約する」ことは家族信託でもできません。**受託者が管理できるのは、家族信託の専用口座で預かった特定の財産だけだからです。したがって、家族信託に入れていない預貯金を下ろしたり、定期預金の解約をしたりはできないのです。

▷ 詐欺対策としての家族信託

家族信託は高齢者を狙う詐欺の対策にもなります。たとえば、判断能力が低下した親が詐欺に遭ってしまったとき、被害を防ぎやすくなるのです。

なぜなら、**信託財産の管理権が受託者に移っているから**です。仮に詐欺師に騙されても、高齢の親だけでは信託財産が動かせなくなるのです。

▷ 相続対策としての家族信託

認知症になると相続の分割対策もできなくなりますが、**家族信託を使えば、自宅の売却ができます。**そのため財産を残す人が存命のうちに自宅を売って、財産を分けやすくすることもできます。

成年後見制度だと、自宅の売却には家庭裁判所の許可が必要で、かつ相当な理由がないと許可が下りません。でも家族信託をしておけば、受託者の権限で自宅を売れるのです。

【第6章】「認知症」と診断される前が相続対策のラストチャンス！　133

▶ 財産の「分割対策」や「承継対策」にも有効

　また、**家族信託で信託した財産の承継者を決めておくことで遺言の代わりとなるので、信託した財産については相続が起きたときの遺産分割の協議も必要なくなります。**財産を残す側が、何の財産を誰に承継させるのかを、事前に自分の意思で明確に決めておけるのです。

　このように家族信託は、相続の「分割対策」「承継対策」として、効果的な手段の１つだと言えます。

　ただし、**家族信託は、相続税の「節税対策」にはなりません。**家族信託をしても、財産の価値は親など委託者のものだからです。

▶ 家族信託の進め方

　家族信託をするときは、一般的に以下のステップで進めます。

❶ 家族で話し合い、契約の内容を決める
❷ 信託の契約を結ぶ（公正証書で作ることが推奨されています）
❸ 信託専用の口座を開く（信託銀行や銀行、信用金庫など）
❹ 不動産の財産があるときは、信託の登記を行う
❺ 信託された財産の管理・運用をスタートする

▶ 家族信託のデメリット

　ここまで、家族信託のメリットを解説してきました。しかし、デメリットもあります。たとえば

● 契約書の作成が複雑
● 手続きにあたって専門知識が必要
● 専門家に頼んだときには費用がかかる

などです。

家族信託の手続きすべてを自分で行うことも不可能ではないです。ただし、その手続きは複雑で、専門的な知識がかなり必要です。

そのため専門家に頼むことをお勧めしますが、そのときは費用がかかります。**相談料（コンサルティング料）は、信託財産の１％程度になっている事務所が一般的**です（資産が多くなると、0.5％などになることもあります）。その他に、書類作りや登記費用などの実費がかかります。

▷ 家族信託を検討するなら専門家に相談しよう

家族信託は、認知症対策や相続対策として、有効な選択肢になりえます。認知症になった後のことを心配しないで、安心して生活を続けることができるのです。

ただし、メリットとデメリットがあります。したがって、家族信託が合うご家庭と合わないご家庭があります。

家族信託についての相談は、**家族信託に詳しい弁護士、司法書士、行政書士**を頼るといいでしょう。

【第6章】「認知症」と診断される前が相続対策のラストチャンス！

家族信託 Q&A

家族信託に関わるよくある疑問や質問、不安についてお答えします。

 自分が亡くなった後も、家族信託なら知的障がいのある子どもを守れる？

　知的障がいがあるお子さんなどがいるご家庭では、自分が亡くなった後の不安はとても大きいと思います。

「子どものために財産を残したい。だけど、子どもが財産を使うことはできないし、財産を騙し取られたらどうしよう……」
　このような心配もあります。
　もし、親が亡くなった後に、頼りになる兄弟姉妹や親族などがいるときは、**家族信託を使って障がいのあるお子さんを守ることもできます。**

　頼りになる人に財産を信託しておいて、自分が亡くなった後に、信託した財産から子どものためにお金を使ってもらうのです。
　検討したいときは、家族信託に強い弁護士・司法書士・行政書士に相談しましょう。

第7章

相続の話を親に切り出すための㊙テクニック

　家族で相続の話をすることは、避けがちで難しいものです。しかし、相続の準備を早めに始めることは、後々のトラブルを避けるためにとても大切です。

　この章では、専門家が推奨する「相続の話を切り出すための6つの方法」を紹介します。これらの方法を活用して、大切な家族との話し合いを円滑に進め、安心して未来を迎えられるようにしましょう。

家族で相続争いをするのは人生で最大の不幸

　相続で揉めないために大切なことは、しっかりとした話し合いによる意思の共有です。ただし、切り出しづらい話題なのも確か。この項では、専門家が見つけた効果的な切り出し方を紹介します。

▶ 相続の対策に、絶対的な正解はない

　相続対策には「これが正解！」というものはありません。それぞれのご家庭や置かれた状況によって、最適な答えは異なります。

　大切なのは、**「どうしたいか」という目的を明確にして、それを実現するための手段を正しく選ぶこと**です。そのために**何よりも重要なのが、ご家族でしっかりと話し合うこと**です。

　相続の話を始めるタイミングは早いに越したことはありません。特に、親がまだ元気なうちに、将来のことを話し合うことが理想的です。

▶ 「縁起でもない」と思われがちな相続の話題

　しかし、現実には、相続の話をすること自体が難しいと感じる人もいるかもしれません。特に日本では、相続の話を切り出すことが「縁起でもない」と思われがちです。

　相続の話を避けている間に親が認知症になったり、急に健康を害したりすることがあります。認知症の診断が出てしまうと、相続対策がとても難しくなります。

　そんな中で、避けて通れない現実として、早めに話し合いを始めるにはどうしたらいいのでしょうか？

「相続話」は切り出しづらい…

▶ 効果的な7つの切り出し方を伝授!

　話し合いを始める秘訣は、切り出し方を知ることです。相続の話をしやすい場面というものがあるのです。それを知れば、あなたも自然と相続の話題に持ち込めるでしょう。

　私たち専門家が、日々の相談の中で見つけた、7つの効果的な切り出し方を次に解説します。

❶両親の経験を聞く	両親が自分の親を見送ったときの話を聞くことで、自分たちの相続対策の必要性を感じてもらう。	
❷実家に帰ったときの会話	家や財産について自然に話題にし、相続の話につなげる。	

❸近しい人から切り出してもらう	年齢の近い親戚や友人に協力してもらい、相続の話を切り出してもらう。	
❹テレビやニュースを利用する	有名人の相続問題やニュースをきっかけに話を始める。	
❺相続税の話をする	相続税の額や支払い方法について聞くことで、具体的な対策の必要性を感じてもらう。	税金
❻専門家に任せる	生命保険会社の担当者や税理士などの専門家に、直接的に相続の話をしてもらう。	
❼セミナーの資料を親に渡す	相続対策のセミナーに参加して「こんな資料をもらったから読んでみて」と親に渡す。	相続について

　これらの方法を活用することで、少しずつ「縁起でもない」話を切り出し、スムーズに相続対策を進めることができます。

　次の項から、1つずつ詳しく解説します。

切り出す方法 ❶
両親が、自分の親を見送ったときのことを聞く

　相続の話を切り出すための効果的な方法の1つとして、両親が自分の親を見送ったときの経験について話を聞くことをお勧めしています。

▷ 経験を思い出させて自然と相続の話題へ

　親と会ったときに、いつもの会話をするようなイメージで、このように聞いてみましょう。

 お勧めの切り出し例

> 「おじいちゃんやおばあちゃんが亡くなったとき、どうだったの？」

　こう切り出すことで、自然な流れで相続の話題に入ることができます。この方法には、いくつものメリットがあります。
　両親が相続で苦労した経験がある場合は「あのときは大変だった」と、その経験を思い出すきっかけになります。その苦労話を共感しながら聞きましょう。
　すると両親自ら「自分は子どもには同じ苦労をかけたくない。今から何か対策を考えられないだろうか」と考えてくれる可能性が高いです。
　逆に、両親が特に苦労せずに相続を済ませていた場合、苦労しないで済んだ理由を詳しく聞いてみましょう。

具体的には「それはよかったね。なぜそんなにスムーズにいったの？」などと質問するといいでしょう。そうすることで、**具体的な対策や手続きについてのヒントを得ることができます。**

▶ 両親の経験から対策糸口が見えてくる

たとえば「事前に遺言書を作成していたから」といった、具体的な対策が聞けるかもしれません。そうした情報は、今後の相続対策を考える上でとても参考になります。両親にも「自分もそうすればいいのか」と気づきを促すことができます。

このような会話をすることで、両親とのコミュニケーションが深まり、相続の話題を自然な形で始めることができます。

相続の話題は避けがちですが、両親の経験談を通して話を進めることで、相続対策の大切さや具体的なステップについての理解が深まっていきます。

両親の経験談は話の手掛かりに！

切り出す方法❷
帰省したときに「この家は誰が建てたの？」「この家を誰に継いでほしいの？」と聞く

　両親と離れて暮らしている方に、実家に帰省したときの切り出し方を紹介します。

▶ 家の話題から思いを引き出す

　帰省して、ふとした会話から相続の話題を自然に切り出す方法として、以下のような質問をしてみましょう。

お勧めの切り出し例
- 「この家は誰が建てたの？」
- 「この家を誰に継いでほしいの？」

　この質問は、過去の思い出を引き出しながら、将来のことを考えてもらえる、よいきっかけとなります。
　たとえば、リビングで両親と一緒にお茶を飲んでいるとき、何気なく**「この家は誰が建てたんだっけ？」**と聞いてみましょう。
　おそらく、あなたの親は昔の思い出話を始めるでしょう。
　「おじいちゃんとおばあちゃんが頑張って建てたんだよ」といった返事があるかもしれません。

▶ 「誰に継いでほしい？」がキーワード

　そこからさらに**「この家を誰に継いでほしいの？」**と続けてみま

【第7章】相続の話を親に切り出すための㊙テクニック　143

しょう。すると相続の話題に自然と移ることができます。

このように、家族の歴史や思い出を話し合うことで、自分も両親もリラックスできます。そうすれば、相続の話題を避けずに、前向きに話すことができるようになるでしょう。

▶ 家族全員の理解が深まる!

この方法は、親が相続について具体的に考えるきっかけになるだけでなく、家族全員が家や相続について理解を深めるよいチャンスになります。さらに、親自身も「自分の思いを伝えられた」という安心感を得ることができるでしょう。

▶ 両親の様子を見つつ少しずつ話を進める

ただし、このような話をするときには、**両親の気持ちを尊重する**ことが大切です。親の反応を見ながら柔軟に話しましょう。たとえば、話が進んでいく中で親が不安そうな表情を見せたときや、話したくない素振りを見せたときなどは、一旦話題を変えてもよいでしょう。

日ごろから、このような話を少しずつ増やしていくことが、相続対策では大切なのです。

相手の様子を見つつ柔軟に！

切り出す方法❸
年齢の近い人から話を切り出してもらう

　ただでさえ切り出しづらい相続の話題ですが、子どもから両親にするとなると、さらにハードルが上がります。そこで、活躍するのが「両親と同世代」の人なのです。

▷ 両親と年齢が近く信頼できる人を探そう

　相続の話を子どもから切り出すのが、多くの家族にとって、一番難しい方法です。親に「自分に早く死んでほしいのか」「お金がほしいのか」と思わせやすくなってしまうからです。

　そこで有効な方法の１つが、**両親に年齢の近い人から話を切り出してもらう**ことです。

　たとえば、両親の兄弟や友人などです。年齢が近くて信頼関係のある人に協力を依頼するのです。具体的には、彼らからこう言ってもらいましょう。

 お勧めの切り出し例

「私たちもそろそろ、そういうことを考える歳よ」

　近い年齢や立場の人から話を聞くことで、両親も相続の話題に対して心を開きやすくなります。

【第7章】相続の話を親に切り出すための㊙テクニック

 **切り出しの成功例**

80代の親を持つAさんは、70代の叔母にお願いして「最近、私たちも遺言書を書いたのよ。あんたたちもそろそろ考えたほうがいいわよ」と切り出してもらいました。
この言葉がきっかけで、ご両親は真剣に相続対策を考えるようになり、結果的に家族全体が円滑に相続の準備を進めることができました。

　この例は親戚でしたが、両親の友人から相続の話が出ることもあります。同年代の友人から「最近、相続のことで専門家に相談したのだけど、早めに対策を取ると楽になると言われた」と聞けば、両親も「うちもそろそろ考えなければ」と感じることが多いです。

▶ 両親と年齢が近く信頼できる人を探そう

　このように、相続の話題を自然に切り出すためには、年齢の近い人の関わりが大きな効果を発揮します。同年代の人からの話は共感を呼びやすく抵抗感も少ないので、親が前向きに話を聞いてくれる可能性が高まります。

　ただし、この方法を実行するには、協力を依頼する人との信頼関係が大切になります。**信頼できる親戚や両親の友人に事情を話し、理解を得た上で協力をお願いしましょう。**相続の話を切り出すタイミングや言い方も一緒に考えてもらうと、よりスムーズに進めることができます。

同世代からの話は自分ごと化しやすい！

切り出す方法❹
親とテレビを見たり話したりしていて「人が亡くなった話題」のときに切り出す

　人が亡くなったニュースや話題は、自分のことを考えてもらうきっかけです。ふと思い出したように話を切り出してみましょう。

▷ 世間話こそ最高のタイミング

　日常生活の中で、親に相続の話を自然と切り出すことは難しいものです。しかし、**切り出すのにとてもよいタイミング**があります。それは、**テレビなどで有名人が亡くなったというようなニュースが流れたとき**です。

　もしくは、**親と話していて「●●さんが亡くなったんだって」という話を聞いたとき**です。

　そういうときは、大事な話を思い出したかのように、次のように切り出してみましょう。

 お勧めの切り出し例

> 「そういえば、友だちの家で、お父さんが亡くなった後に相続のことで揉めたんだ。遺言書があれば違ったのではないかと専門家から言われたんだって」

　もしくは、そういう事例が思いつかなければ、本を使ってもいいでしょう。たとえば次のように切り出します。

【第7章】相続の話を親に切り出すための㊙テクニック

> 「親が亡くなった後に残された家族で揉めることが多いんだって。でも、遺言書があれば相続で揉めにくいと本に書いてあったんだ」

▶ 遺言書の有無を聞き出そう

　このように切り出したら、さらに次のように続けましょう。
「うちはもう、遺言書は書いているの？」と。おそらく、多くの家庭では遺言書は書いていないはずです。書いていないとわかったときは、書くことを強要はせずに、お願いしてみましょう。
「私たち兄弟同士で揉めたくないから、そういう準備をしておいてもらえると嬉しいな」「これからも仲よくしたいから、そういう準備をしておいてもらえると嬉しいな」などと伝えます。

▶ 家族関係を保つためと一貫して伝えよう

　このとき、お金の話ではなく、家族関係の話として伝えることがポイントです。お金の話だと抵抗されたり「結局、遺産がほしいだけでは」と勘繰られたりしやすいので、注意しましょう。
　これは、家族仲のよい場合の例ですが、仲が悪い場合でも問題はありません。
「とても揉めそうだから、そういう準備をしておいてもらえると嬉しいな」と伝えればいいのです。
　仲が悪くて遺言書もないと、最も悲惨な結果になりかねません。ですから、遺言書の準備は本当に重要です。家族全員が安心して過ごせるように、ぜひこの方法も試してみてください。

切り出す方法❺
「相続税がいくらかかりそうか」を親に聞いてみる

　誰でも資産を減らしたくない、損をしたくないと思っているはずです。そこで、相続税を話のきっかけにしてみましょう。

▷ 「損をしない」ために相続の話題を振ろう

　相続の話で、親に切り出しやすいテーマの1つが「相続税」です。多くの人は「税金で損をしたくない」と思っています。資産を築いてきた人も「せっかくの資産をできるだけ減らしたくない」と思うことが多いのです。

　だから相続税のテーマは、多くの方にとって話題にしやすいでしょう。**税理士への相談にもつなげやすいので、具体的な対策に進めやすい**というメリットもあります。ここでは、具体的にどのように相続税の話題を出すとよいか説明します。

▷ 遺産ではなく相続税の話をしよう

　まずは、ここまで紹介した4つの切り出し方を参考にして、相続の話題に持っていきましょう。

　あとは、思い出したように、以下のように質問すればいいのです。

 お勧めの切り出し例

- 「そういえば、うちは相続税がかかりそうなの？」
- 「相続税はいくらかかりそうなの？」

この質問は「遺産がほしい」というより**「相続税が払えるか心配だから知っておきたい」という自然な興味だと受け取ってもらいやすい**のです。多くの親は、自分の財産がどの程度あり、相続税の対象になるのか、真剣に考えたことがないのが実情です。

こうした質問によって、親にも相続税について考え始めるきっかけを作ることができます。

▶ 専門家につなげて相続税の実情や対策がわかる

この質問をしたら、次は**「相続税が払えるのかが心配だから、税理士に一緒に見てもらおうよ」**と提案してみましょう。税金で損をしたくない、財産を減らしたくないという気持ちを、多くの人は持っています。だから、受け入れてもらいやすいのです。

また、税理士に相談することで、相続税の正確な額を知ることができるだけでなく、節税対策や納税対策についての具体的なアドバイスも受けることができます。

たとえば、P32で解説した小規模宅地等の特例を利用することで、一定の条件を満たせば相続税の負担を大幅に軽減できる場合があります。このような情報を得ることで、相続税の対策を早くスタートすることができるのです。

▶ 相続税の話題は円満な相続にもつながる!

さらに、**相続税について話し合うことは、親子間のコミュニケーションを深めるよいチャンスにもなります。**

財産の分け方や相続税の支払い方について話し合うなかで、親の考えや希望を知ることができるからです。これによって、家族全員が納得する形で相続を進めるための基盤を作ることができます。

切り出す方法❻
生命保険会社の担当者から伝えてもらう

相続の話を親に切り出すために、生命保険会社の担当者を利用することもお勧めです。

▶ 相続の専門家は死について抵抗なく話ができる

相続における専門家の役割は、病気における医者と似ています。医者は病気についてストレートに聞いたり説明したりできます。それと同じように、相続の専門家は、死ぬことについて、ストレートに話題にできます。

特に生命保険会社の担当者は、死亡保険を日常的に扱っているので、死や亡くなった後の話をストレートにすることができます。

 お勧めの切り出し例

「亡くなった後のことは、どうお考えですか？」

このような質問を、生命保険の説明の中で、自然にしてもらえばいいだけです。

▶ 専門家が入ると当事者も真剣に考え始める

このように**相続の専門家が間に入ることで、親も真剣に相続の話を考えるきっかけになります。**

相続の専門家は、プロフェッショナルな立場から、相続対策の重

【第7章】相続の話を親に切り出すための㊙テクニック　151

要性や具体的な手続きを説明することができます。

 切り出しの成功例

ある家庭では、お父さんが長年にわたって生命保険に加入していましたが、具体的な相続の話は一度も家族にしたことがありませんでした。家族は相続について話し合うことを避けていました。

しかし、生命保険会社の担当者が「亡くなった後のことについて、少しお話ししておきましょう」と提案したことで、家族全員が初めて相続の話を真剣に考える機会が生まれました。

その結果、お父さんは自分の意向を明確に伝えることができ、家族も納得して相続の準備を進めることができたのです。

ぜひ、生命保険会社の担当者に協力してもらって、相続の話を前向きに進めていきましょう。

プロの話は真剣に考えるきっかけに

切り出す方法 ❼
相続対策のセミナーに参加して、その資料を渡す

　親がある程度の心の準備ができていそうだったら、相続対策のセミナーの資料を活用するのもお勧めです。

▷ セミナーの資料は両親も受け取りやすい

　相続対策のセミナーは、近くの公民館や公共施設でつねに行われているほど人気です。そのセミナーに参加して、資料をもらってきて、それを親に渡すのです。

お勧めの切り出し例

「相続対策のセミナーに参加して、こんなのをもらったから時間があるときに読んでみて」

　この方法を使えば、相続の専門的な説明を自分でしなくても、資料が代わりに説明してくれます。また、セミナーの資料であれば、書籍を突然渡すよりも、親も受け取りやすいことが多いです。

切り出しの成功例

ある行政書士の先生の相続対策のセミナーに参加したら、エンディングノートと先生が書いた小冊子がプレゼントされました。
「相続対策セミナーに参加して、こんなのをもらってきたから読んでみて」と親に渡すように促されたので、実行してみました。それをきっかけに、親も相続のことを考え始め、家族で話し合えるきっかけになりました。

▶ 一緒に受講してお互いに理解を深めるのもあり

　さらに、**親が相続について考えていそうであれば、セミナーに一緒に行くことを誘ってみる**のもよいでしょう。
　一緒に参加することができれば、自分では説明が難しかったり、自分からは言いづらかったりすることも、相続の専門家が代わりに言ってくれます。

親が乗り気であれば一緒にセミナーに

両親と早めに話し合いたい3つのテーマ

　この項では、相続の話題が切り出せた後に、早めに話し合うことを推奨する3つのテーマについて解説します。

▷ 希望の葬儀やお墓の計画を一緒に話し合おう

　希望する葬儀のスタイルやお墓の場所について、両親と話し合っておくことはとても大切です。**葬儀は、家族が最後に敬意を表す大切な場**だからです。

　親から事前に希望を聞いておけば、いざという時に家族が迷わずに済み、親の意向を尊重した葬儀をすることができます。

　たとえば

- ●「どんな形式の葬儀を希望しているの？」
- ●「誰を呼んでほしいの？」
- ●「希望の葬儀会社はあるの？」

　などについて、具体的に聞いておけると安心です。

　親が望んだ通りの葬儀を行うことは、残された家族にとっても心の支えとなり、後悔のないお別れができるようになります。

　葬儀やお墓のことは、親が亡くなる直前だと聞きにくくなってしまうこともあります。そのため、親が元気なうちに希望を聞いておくことをお勧めします。

　そこから相続の話題に持っていくのもよいでしょう。

▶ 預貯金・投資、借金などの情報も共有しておこう

　両親の預貯金や投資、借金についての情報を共有しておくことも、とても大事です。これらの情報が不明確なまま相続が起きると、手続きが複雑になり、苦労や争いの原因となることがあるからです。

　預貯金の通帳やキャッシュカード、ネットバンキングのログイン情報などを確認し、一元管理ができると理想的です。

▶ 両親の生活資金の確認と念押ししよう

　ただし、この話を不用意に切り出すと「財産目当てか」と思われるリスクがあります。慎重に話を進めましょう。お金の話は、相続の文脈より、**これから幸せに生きていくための資金という文脈で切り出すとよい**でしょう。

　たとえば、以下のように切り出してみましょう。

 お勧めの切り出し例

「もし介護になったら、施設に入りたい？　それとも自宅にいたい？」

　このように、両親が幸せに生きていくためという文脈で、お金の話題を切り出します。

　そして、**その希望を叶えるための資金として、いまある預貯金などを確認したいという文脈で聞きます。**そうすれば、預貯金の残高も教えてもらいやすくなるでしょう。

▷ 投資や借金は整理しておくことが大事

投資については、そもそもしているのかという確認が必要です。

もし投資をしているなら、証券会社の口座情報や投資信託、不動産投資の詳細などを聞いて、整理しておけると理想的です。

また、**借金があるかも、早めに確認しておきたいところ**です。

借金については、預貯金や投資などの話とセットで「クレジットカードの分割払いやリボ払いなど、何か借金はある？」と、自然な流れで聞きましょう。

借金があるときは、その総額や返済計画についても把握しておく必要があります。そして、その借金を相続するのか、それとも放棄するのかも考え始めなくてはいけません。

これらの情報を家族全員で共有し、明確にしておくことで、親が亡くなった後の手続きがスムーズに進み、相続争いを避けることができます。

▷ 土地や家をどうするかも考え始めよう

親が所有する土地や家をどうするかについても、早めに話し合っておくことが大切です。**特に自宅については、誰が相続するのか、売却するのか、それとも他の用途に使うのかを明確にしておく**ことで、後々のトラブルを防ぐことができます。

たとえば、自宅を相続するなら、その維持費や管理の方法についても考えておく必要があります。固定資産税や修繕費、管理費など、費用が発生するため、それを誰が負担するのかを話し合っておきましょう。

また、相続税の支払いに備えるために、自宅を売却するのも選択肢の1つになります。そのときは、不動産の査定を事前に行って、売却時の手続きをスムーズに進める準備をしておくとよいでしょ

【第7章】相続の話を**親に切り出す**ための㊙テクニック　157

う。
　これらのテーマについて、両親と早めに話し合うことで、相続の際に家族全員が安心して対応できるようになります。
　親の意向を尊重しながら、具体的な対策を考えておくことが、円満な相続の第一歩になります。

▶ 勇気を出して「縁起でもない話」を切り出そう

　ここまで、専門家がお勧めするさまざまな切り出し方を紹介してきました。
　相続の話題はどうしても避けがちで先延ばしになりがちです。でも、**家族の幸せな未来を守るためには、早めに向き合うほうが結果的には得策になります。**本書で見てきたように、早ければ早いほど、相続の対策は打ち手が増えるからです。
　勇気を持って、相続の話題を切り出してみましょう。誰しも一度や二度は「縁起でもない」という親の反応に遭うものです。そんなものだと思って、切り出してみましょう。何度か会話をしていくうちに、自分も親も、相続の話題に慣れてくるものです。
　あなたの勇気ある一言が、家族全員の安心と幸せな未来を支える重要な一歩となります。専門家の助けも得ながら、少しずつ進めていきましょう。

この勇気が幸せへの第一歩

親との会話 Q&A

親と会話をするときの、よくある疑問や質問、不安についてお答えします。

Q 親が感情的になってしまったときは、どうしたらいい？

　相手が感情的になってもいいと許容して、気持ちを聴き、受け取ることを意識してみましょう。
「そういう気持ちなんだね」「そっか」「なるほど」などと、まずは話に耳を傾け、ただ聴いてあげることが大切です。これを「傾聴」と言います。

Q 自分も感情的になってきたら、どうしたらいい？

　会話を一度中断して、落ち着くことが大切です。感情的に会話をしても、うまく行かない可能性が高いです。
「自分も感情的になりそうだから、ちょっと休憩しよう」「また今度、冷静に話そう」などと切り出し、少しでも間を空けましょう。

159

相手が聞く耳を持たないときは、どうしたらいい？

　相手が相続について考えることに抵抗してしまうことも、**許容してあげる**ことが大切です。
「考えたくないかもしれないけれど、大切なことだから少しでも話しておきたいんだ」と、相手の抵抗も許容しながら、自分の気持ちを伝えましょう。
　それでも話すことに抵抗するようであれば、無理に話を進めるのではなく、会話を一度、中断しましょう。「急に話を切り出してごめんね。聞いてくれてありがとう」「また今度、ゆっくり話そう」などと伝えて、次のタイミングを見計らいましょう。
　一度でも切り出せれば、二度目の会話は最初よりも楽になります。
コツコツとコミュニケーションを重ねることが大切です。

相続対策で、一番大切なことは？

　一番大切なのは**「相手に感謝を伝えられるか」**だと思います。
　たとえば、子どもが親に「相続のことをちゃんと考えてほしい」と伝えるときを考えてみましょう。そのとき、子どもの意識としては「私が困るから」と、どうしても自分に向いてしまいがちです。それを言われた親側も「今まで面倒を見てきてやったのに」などと、自分に向いてしまいます。
　そんなときにもし、**お互いに「今まで育ててくれてありがとう」「面倒を見てくれてありがとう」**と感謝の気持ちを伝え合えたら、相続対策がすごくスムーズに進みます。感謝を伝えるのは恥ずかしいかもしれません。父の日や母の日、お互いの誕生日などを利用して、日ごろから感謝を伝えてみましょう。

付録

円満な相続を実現するための「信頼できる専門家」の見つけ方

　多くの人が「誰にどんな相談をしたらいいか、わからない」と悩みます。実はそれは仕方がないことなのです。なぜなら、相続の「すべて」について、相談に乗れる専門家が存在しないからです。プロとして相談に乗れる分野が、法律で細かく分かれているのです。

　そこで本書の最後に、弁護士、税理士、司法書士、行政書士など、相続の各分野の専門家の役割を紹介し、相続の「何の相談を」「どの専門家に」相談したらいいのかを解説します。

最初に相談すべきはこの専門家!

👤 相談内容で、頼れるプロは決まってくる

相続対策をしたいと思ったら、誰に相談したらいいのでしょうか？　パッと思いつく専門家はいますか？

一般的には、節税を想像して「税理士」を思い浮かべる人が多いかもしれません。しかし実は、相談の内容によって、対応できる専門家は法律で決まっていることが多いのです。

まずは頼れる専門家について簡単に説明します。

❶弁護士とは？	弁護士は揉めごと・争いを「法律」で解決する専門家です。揉める前に早めに頼りましょう。	➡P168 弁護士に頼れること
❷税理士とは？	税理士は「税金」の専門家です。相続税の申告が必要そうなら、すぐに相談しましょう。	➡P171 税理士に頼れること
❸司法書士とは？	司法書士は「不動産の登記」の専門家です。相続財産に不動産がある人は早めに頼りましょう。	➡P173 司法書士に頼れること
❹行政書士とは？	行政書士は「行政に出す書類作り」の専門家です。書類の作成や名義変更の代行などで頼りましょう。	➡P175 行政書士に頼れること

162

あなたが最初に頼るべき専門家とは?

頼れる専門家がわかったところで、どのような状況でどんな専門家に相談すべきかをお伝えします。

以下にフローチャートを作成しました。あなたが置かれている状況をこのフローチャートに当てはめて、最初に頼るべき専門家を見つけましょう。

■ 最初に頼るべきプロがわかるチャート

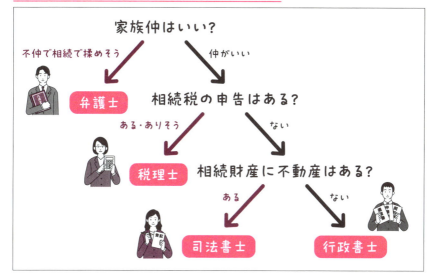

「相談内容」でわかる、頼れるプロの一覧表

相談したい内容が明確に決まっていたら、該当する専門家を次のページの表から見つけるのもよいでしょう。

頼るべきプロが法律で1つの職業に決まっている相談と、複数のプロに頼ることができる相談があります。どのプロに頼ればいいかの参考にしてください。

【付録】円満な相続を実現するための「信頼できる専門家」の見つけ方

相談の内容	弁護士	税理士	司法書士	行政書士
揉めごとの法律アドバイス	◎			
遺産を分ける話し合いの代理	◎			
相続財産の分け方の相談	◎			
相続税の申告の相談		◎		
相続財産の不動産の名義変更の相談	△		◎	
相続財産の自動車の名義変更の相談	△			◎
銀行口座などの名義変更の相談	△		◎	◎
相続手続きの書類作りの相談	◎		◎	◎
遺言書の相談	◎		◎	◎
遺言書の検認の手続きの相談	◎		◎	

※記号は以下の意味でつけています
　◎まさに専門　△あまり得意ではないことが多い

👤 他にも頼れるプロがいる

他にも、相続で頼れる専門家がいます。

生命保険会社の担当者

「生命保険」の相談で頼りになります。「ライフプランニング」に力を入れている会社なら、これからの人生計画の相談にも乗ってくれます。

➡P177 生命保険会社の担当者に頼れること

164

相続に詳しい専門家の見分け方

👤 専門家が相続に詳しいとは限らない!

　実はここで紹介した**それぞれの専門家は、必ずしも相続に詳しいとは限りません。**たとえば、弁護士の中にも「相続に詳しい弁護士」と「相続に詳しくない弁護士」がいるのです。各職業でも専門分野が細かく分かれています。そのため、相続に詳しい人を探し出す必要があります。

　この項では、相続に詳しい専門家を見分ける方法を解説します。

① 「相続の専門家」を謳っているか?

　一番わかりやすい判断基準として、**ウェブサイト**などで「**相続の専門家**」などとアピールしているかをチェックしましょう。

　相続に力を入れている専門家はそういうサイトを作っています。**「相続税に強い税理士」「遺言書に精通した弁護士」などと、具体的に説明されていたら、より信頼できます。**

　また、相続をテーマにした書籍や、講演・セミナーの実績があるかも確認しましょう。相続の専門家なら、そのような実績も必ずサイトに書きます。

　逆に、そこまで力を入れていない人は、相続をいろいろな対応分野の中の1つという扱いにしていることが多いです。

② 相続の他の専門家と提携しているか?

　相続の「すべて」の相談に乗れる専門家はいません。そのため、**相続の仕事を本業にしている人は、他の専門家と必ず提携をしてい**

【付録】円満な相続を実現するための「**信頼できる専門家**」の見つけ方　　165

ます。たとえば、相続に詳しい税理士・弁護士・行政書士・司法書士が提携する、などです。

また、相続対策に自宅やアパートなどの不動産の専門家も欠かせないので、**不動産会社と提携している**ことが多いです。

相続に力を入れている専門家は、これらのこともウェブサイトなどで書いていることが多いです。それも確認しましょう。

③ 相続系の資格を持っているか？

相続の相談テーマは多岐に渡ります。そのため**相続に力を入れている専門家は相続関連の分野を勉強し、資格を取っていることが多い**です。

相続系の資格は「相続士」「相続診断士」「相続アドバイザー」などがあり、いろいろな団体が独自に資格を発行しています。

他にも「家族信託専門士」「家族信託コーディネーター」「認知症サポーター」など、相続に関連する資格を取ったり協会の会員になったりして、専門知識を高めている人が多いです。

相談を検討する専門家のプロフィールをチェックして、相続関連の資格を持っているかもチェックしてみましょう。

④ 誠実さがあるか？

相続対策には専門知識が必要で、相談する人にとってはとても難解に感じてしまいます。さらに、死や老い、将来のお金については、多くの人にとって考えたくないテーマです。

だからこそ**専門家が誠実にわかりやすく説明してくれるか、親身に寄り添ってくれるかはとても大切**です。専門性と人間性の両方が相続のプロには求められます。

しかし、誠実さや人柄は、ウェブサイトなどでは判断しにくいこ

とが多いです。YouTubeなどの動画がないか探したり、口コミサイトなどで評判をチェックしたりしてみましょう。

相続対策の先輩から紹介してもらう手段もあり

また、**相続対策をすでにした友人や知人から「この先生は素晴らしかったよ」と紹介してもらう**のも安心できます。

多くの専門家は、初回相談を無料や格安で提供していることが多いです。相談に直接乗ってもらって、誠実さや人柄、相性を確認するのが一番確実です。

ただし、必ずしも「無料の相談」がいいとは限らないので注意しましょう。人気の先生はあえて初回から有料にして、本気度の高い相談者に絞っています。気になる先生がいたら、有料でも相談を申し込んでみましょう。

専門家に困ったら紹介も安心！

【付録】円満な相続を実現するための「**信頼できる専門家**」の見つけ方

弁護士

揉めごとを「法律」で解決するプロ 揉めそうなときや財産の分け方で頼ろう

相続での揉めごとや争いなどで頼りになるのが弁護士です。ここでは信頼できる弁護士の見つけ方や、相談すべき状況などを解説します。

揉めごと・争いを「法律」で解決する唯一の専門家

弁護士は、さまざまな「揉めごと・争い」を、「法律」に基づいて解決する専門家です。**相続でも「揉めごと・争い」がある相談に乗れるのは「弁護士だけ」**です。

実は、弁護士への相談の内容で多いのが「相続」です。相談をよく受けるので、相続の知識に詳しい弁護士は多いです。

本書の内容では、

《2章》財産をどう分けるかから相談して、遺言書を作りたい
《2章》遺留分について相談したい
《6章》「成年後見制度」や「家族信託」を検討したい

などの方は、弁護士に相談しましょう。

依頼時には相続に詳しいかを入念に確認

ただし、P165で解説した通り、相続に詳しくない弁護士もいます。依頼するときは、ウェブサイトなどに相続の相談に乗れることが書かれているかなどを確認してください。そして相続に詳しい弁護士を頼るようにしましょう。

どれくらい揉めていたら弁護士を頼るといい?

相続でどのくらいの揉めごとや争いになったら、弁護士に頼るのがいいのでしょうか?

「揉めている」と感じる基準は人それぞれですが、1つの目安として**「もう直接、話し合いをしたくない」と思うほど、話し合いが大変になったとき**です。そのときに弁護士を頼れば、交渉の代理人になってくれます。

相続財産を分ける交渉の代理ができるのは弁護士だけです。

初回は無料で、そのあとも1回1万円程度で相談に乗ってくれる事務所もたくさんあります。気軽に相談してみることをオススメします。

弁護士に相談するといくらかかる?

弁護士費用は弁護士が自由に決めるので、相場や基準がありません。ただ、日本弁護士連合会が以前に定めていた報酬の基準に合わせているところも多いので、参考にどうぞ。

● (旧) 日本弁護士連合会報酬等基準
https://senbayashi-lf.com/cms/wp-content/uploads/2019/02/pdf001.pdf

【付録】円満な相続を実現するための「信頼できる専門家」の見つけ方　169

👤 弁護士にかかる費用は主に3つ

弁護士に払うお金は「相談料」「着手金」「報酬金」の3つに大きく分かれます。おおまかな内容は以下の表を参考にしてください。

相談料	旧基準だと、初回は1時間1〜2万円です。今は、初回は無料にしている弁護士も増えてきました。つまり、相談しやすくなってきたと言えます。その後の**個別相談は、1回30分5,000円〜1万円のところが多いです**。
着手金	仕事を依頼するときに、結果にかかわらず払うお金です。事務所によって金額や算出の方法は変わりますが、**依頼者がほしい相続財産の総額などを元に、一定の割合をかけた金額**とすることが多いです。目安は、前ページで紹介した（旧）日弁連の報酬基準【民事事件】などを参照ください。
報酬金	**回収できたり、経済的に得をすることができたりしたときに、その何%**というところが多いです。他に、かかった経費なども払います。

依頼者が求める結果を金額に換算するには、相続財産の価格やどのような点に争いがあるのかといった情報も必要になります。これらも弁護士に伝えましょう。

♣ 税理士

相続税などの「税金」のプロ
申告が必要そうなら、すぐに相談しよう

相続税に関して悩みがあったら、税理士を頼りましょう。この項では、頼るべき状況と信頼できる専門家選びのコツを解説します。

👤 「税金」の相談や申告の代わりをしてくれる専門家

　複雑な「税金」の仕組みを具体的に教えてくれたり、代わりに税金の申告をしたりしてくれる専門家です。税金の一般論の解説は他の職業でもできますが、**個別の具体的な税金の相談に乗れるのは税理士だけ**です。それは相続の相談でも同じです。

　税理士の主な仕事は、税金の相談、税金の申告書作りや申告の代行、税務調査の立ち会いなどです。本書の内容では、

《1章》相続税がかかりそうなので相談したい
《1章》小規模宅地等の特例が適用されるか確認したい
《1章》二次相続まで考えたい
《4章》生前贈与を活用した節税対策を検討したい
《5章》不動産を使った節税対策などを検討したい

【付録】円満な相続を実現するための「信頼できる専門家」の見つけ方

などの方は、税理士に早めに相談しましょう。節税対策の具体的な相談に乗れるのは税理士だけです。

税理士は相続税のシミュレーション書の作成や、相続税対策の提案をしたり、相続税の申告の手続きをしたりすることで報酬を得ています。そこで、**最初の相談は無料にしているところが多い**です。

👤 相続に詳しい税理士は少ない

ただし、相続に詳しい税理士は少ないので注意が必要です。なぜかというと、ほとんどの税理士のメインの仕事は、企業の「法人税」などの申告や、個人事業主の「所得税」などのサポートだからです。

これらの仕事と「相続税」の仕事は全くの別物です。

税理士が相続に詳しいかどうかは、ウェブサイトで相続についてしっかり解説しているかをチェックすると、ある程度わかります。

👤 税理士に相談するといくらかかる？

相談するときの費用は「基本業務の報酬」と「特別業務の報酬」に分かれることが多いです。基本業務の報酬は必ずかかるお金。特別業務の報酬は作業が大変なときにかかるお金だと思ってください。

基本業務の報酬	相場があります。相続税のシミュレーション書の作成は数十万円〜、相続税の申告報酬は**相続財産の0.5〜1％**です。専門家の価格は「安いからいい」「高いから悪い」とは単純には言えませんが、最初は相場に収まっているところに相談するといいでしょう。
特別業務の報酬	相続税対策プランの作成料や、財産承継スキームの作成料などの特別業務に対する報酬は、**税理士や事務所によって、価格が少しずつ異なります。**ウェブサイトを見たり、見積もりを取ったりして、費用をわかりやすく提示してくれる税理士を見つけましょう。

司法書士

身近な「法律」の専門家で「不動産登記」のプロ
財産に不動産がある人や法律相談で頼ろう

司法書士は裁判所や法務局などに提出する書類作りや手続きなどで頼りになる存在です。相続に関する経験も多いため頼りになる存在です。

身近な法律の専門家

　司法書士は、裁判所や法務局に出す書類を代わりに作ったり、土地の売り買いや会社の設立などの手続きを代わりにしたりする、**身近な法律の専門家**です。

　相続では、**不動産の名義変更（登記）**の際に特に頼りになります。

頼れるのは「揉めていないとき」の手続きなど

　司法書士も弁護士も「法律」の専門家ですが、「揉めごと・争い」の法律相談は弁護士しか乗ることができません。

　司法書士に頼れるのは、揉めていないときの手続きの相談や書類作りの相談です。

👤 相続関係の経験が豊富な場合が多い!

司法書士は普段から相続の手続きをたくさんしている人が多いです。だから**相続の書類作りや手続きの相談は、弁護士よりも司法書士に頼る**といいでしょう。

本書の内容では、

《2章》	遺言書作りの相談
《5章》	相続登記の相談
《6章》	成年後見制度や家族信託の相談

は、司法書士にまず頼りましょう。

👤 司法書士に相談するといくらかかる?

司法書士への費用は、何をしてもらうのかによって、大きく変わります。**不動産の名義変更の手続きは5〜20万円が目安**です(不動産の数や評価額にもよります)。

初回の相談や見積もりは、無料でしてくれるところが多いです。気軽に相談して、費用を聞いてみましょう。そして、誠実に対応してくれそうかを確かめましょう。

✚ 行政書士

「行政に出す書類作り」のプロ 遺言書など相続全般の書類作成で頼ろう

行政書士は「行政と市民をつなぐパイプ役」のような立場です。遺言書作成の代理やアドバイスなどをしてくれます。

👤 行政と市民をつなぐパイプ役

　行政書士は、国や地方の役所に出す書類を代わりに作ってくれたり、それらについてアドバイスをしてくれたりする、**手続きの専門家**です。「行政と市民をつなぐパイプ役」とも言えます。

　この説明でもわかるように、行政書士は相続の仕事ばかりしているわけではありません。相続の相談は、相続に詳しい行政書士を頼りましょう。

　相続では、遺言書作りの代理やアドバイスで特に頼りになります。最近は、生前の相続対策に力を入れている行政書士も増えています。そういう行政書士を見つけて、頼りましょう。

　相続に詳しい行政書士は、揉めていなければ、税金の申告と不動産の登記以外は、相続のほとんどの相談で頼りになります。

　本書の内容では、

| 《2章》遺言書作りの相談 |
| 《6章》家族信託の相談 |

は、行政書士にまず頼りましょう。

行政書士に相談するといくらかかる?

行政書士への費用は、何をしてもらうのかによって、大きく変わります。相談に乗れる分野が広すぎて、費用の目安を特に出しにくいのが行政書士です。日本行政書士会連合会が5年に一度出している、全国的な価格の調査の平均の金額を目安として紹介します（2020年の調査より）。

それによると、**遺言書の案作りや作成のアドバイスの平均は6万8,727円**（一番多いのは5万円）、**相続人の調査や相続財産の調査は平均6万3,747円**（一番多いのは5万円）です。

総合的にサポートしてくれる行政書士もいる

それ以外にも、相続に詳しい行政書士は「相続パック」のような形で、20〜50万円で、総合的にサポートしてくれる人もいます。初回の相談や見積もりは無料で行っているところが多いです。

気軽に問い合わせて、サポート内容と費用を確認してみましょう。そして、専門家として誠実に対応してくれそうかを確かめましょう。

✚ 生命保険会社の担当者

「相続対策用の生命保険」を検討したい人は早めに相談しよう

保険会社の担当者は生命保険を扱うことから、相続の相談に乗ってくれるケースがあります。

相続の相談に力を入れる会社や担当者が増えている

　保険会社の担当者は生命保険を扱っているため、相続の相談も受けやすくなります。

　ファイナンシャルプランナーや相続系の資格を取り、相続の勉強に力を入れている人も増えてきました。そういう人は、相続に詳しい弁護士や税理士などとのネットワークも作っていることもあります。また、相続の相談に力を入れている会社も増えています。

　もしご自身の担当者がいるなら、その人や会社が相続に力を入れているかを確認してみましょう。そして、力を入れていたら、相談に乗ってもらいましょう。

　本書の内容では、

《3章》相続対策用の生命保険を検討したい
《3章》生命保険を活用した生前贈与プランを検討したい
《3章》生命保険信託を考えたい

　という方に、特に頼りになります。また「ライフプランニング」に力を入れている会社や担当者なら、

《5章》住まいの計画（ライフプランニング）の相談

にも乗ってくれます。

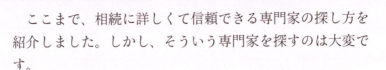

無料相談をプレゼントします

　ここまで、相続に詳しくて信頼できる専門家の探し方を紹介しました。しかし、そういう専門家を探すのは大変です。
　そこで、**読者の方のサポートとして、著者の私が信頼している監修の先生に協力いただき、初回の「無料相談」ができる**ようにしました。
　相談したいときは、巻末のフォームからお問い合わせください。

後悔しないように、今こそ一歩を踏み出そう

　本書を手に取っていただき、本当にありがとうございます。

　相続対策で大切なのは、小さな一歩をすぐに踏み出すことです。多くの方が「まだ早い」と思って先延ばしにしがちですが、相続の準備は早ければ早いほど効果的です。逆に時間の経過とともに、年齢や健康状態などが原因で、打てる手が少しずつ減っていってしまいます。

　あなたは一人ではありません。本書を参考に、専門家の助けを借りて、少しでも早く動き出しましょう。そうすれば自分だけでは気づけない問題点や改善点を見つけ出すことができます。

　特に本書の監修の先生は、著者の私が心から信頼している先生です。ぜひ頼っていただけたら嬉しいです。巻末から、監修の先生に無料相談ができるようにしましたので、ぜひご確認ください。

　あなたが相続争いを経験しなくて済むように、円満な相続ができるように、祈りを込めて書きました。本書が少しでもお役に立てたら幸せです。

加納敏彦

著者 Profile

加納 敏彦

ファイナンシャルプランナー、お金と生命保険の専門家

大手生命保険会社で、全社の年間優秀賞「金賞」を5年連続で受賞。2018年に、完全中立なファイナンシャル・アドバイザーとして独立。金融商品を一切販売しない、お客さまの気持ちに寄り添ったアドバイスとわかりやすい説明に定評がある。

相続・資産運用から、結婚・離婚のお金の相談、副業・起業まで、お金に関する悩みを総合的にサポートしている。

著書に『親・身内が亡くなった後の届出・手続きのすべて』『3分でわかる！お金「超」入門』（きずな出版）などがある。

専門用語を使わない、わかりやすくて易しい文章で人気になっている。

公式サイト ▶ https://kanotoshi.com/
リットリンク ▶ https://lit.link/kanotoshi

弊社刊行の加納先生の相続シリーズ

監修者 Profile

石渡 芳徳・藤井 幹久

税理士。マルイシ税理士法人 代表税理士
協力者：所属税理士　鈴木 雅人

マルイシ税理士法人は、「不動産と相続」の専門家集団として、弁護士や司法書士などの他の士業と協業しながら、自宅等の不動産を所有する方の相続税申告や相続対策を専門に行っている。

税理士業界の専門誌において、「不動産と相続のエキスパート事務所」として特集されるなど、その専門性の高さと実績を注目されている税理士法人である。

主な業務：相続税申告、相続・事業承継対策、不動産税務

マルイシ税理士法人 ▶ https://maruishi-tax.jp/
マルイシメディア ▶ https://maruishi-media.jp/

藤原 寿人

弁護士。東京中央総合法律事務所パートナー弁護士

遺産分割、相続放棄、被相続人の生前に生じた使途不明金の返還請求など、相続に関する案件をはじめとし、民事事件と呼ばれる分野を中心に活動している。

東京中央総合法律事務所 ▶ https://www.tcs-law.com/

村山 澄江

司法書士 村山澄江事務所 代表

相続・民事信託・成年後見の専門家。

承継寄付診断士、経営心理士、認知症サポーター、簡裁訴訟代理関係業務認定会員。

相続対策・認知症対策の対応の実績1,300件以上。全国で講演活動も行っている。

著書に『今日から成年後見人になりました』『認知症に備える』（共に自由国民社）がある。

司法書士 村山澄江事務所 ▶ https://sumi-smile.com/

✿ 長尾 影正

行政書士。家族信託専門士。長尾影正事務所 代表

相続・家族信託・不動産の専門家。

家族信託の組成件数50件以上、不動産業20年以上の実績があり、財産の管理や相続から不動産までを対応。

税理士・司法書士などの専門家と提携し、最初の窓口として相談に乗り、喜ばれている。

「とてもわかりやすい」という満足度93％の説明力で、相続の関係者と親身にコミュニケーションを取り、評判になっている。

行政書士 長尾影正事務所 ▶ https://www.yuigon-souzoku.info/

✿ 飯田 晃生

生命保険の専門家、ファイナンシャルプランナー、認知症サポーター。

大手生命保険会社で、全社の年間優秀賞を12年連続で受賞。

2024MDRT成績資格終身会員（11回登録）Top of the Table会員。

個人保険と法人保険の両面に精通した、生命保険のスペシャリスト。

ご家庭のライフプランの実現から、経営者・資産家の方のビジョン達成や事業承継のサポートまで、生命保険の枠を超えて総合的にサポートしている。

揉めない・損をしない
プロが教える
相続の手続きと対策のすべて

2024年9月15日　初版第1刷発行

［著者］　　加納敏彦
［発行者］　櫻井秀勲
［発行所］　きずな出版
　　　　　　東京都新宿区白銀町1-13　〒162-0816
　　　　　　電話03-3260-0391　振替00160-2-633551
　　　　　　https://www.kizuna-pub.jp/
［印刷・製本］モリモト印刷

《装丁》　福田和雄（FUKUDA DESIGN）
《本文デザイン・図版作成》　五十嵐好明（LUNATIC）
《イラスト》　マツ

Ⓒ 2024 Toshihiko Kano, Printed in Japan
ISBN978-4-86663-249-0

読者の方限定！

相続の専門家による「無料相談会」をプレゼント！

　信頼のできる専門家の力を借りることが「あなたにとって最善な相続対策」への一番の近道です。そこで今回、本書を監修いただいた税理士、弁護士、司法書士、行政書士、ファイナンシャルプランナーの先生に、無料で相談できる機会を特別にプレゼントすることにしました。

　著者の私が、心から信頼している相続の専門家です。相続の手続きや対策についての疑問や不安を直接相談できます。この機会をぜひご活用ください。

◉無料相談の申し込みはとても簡単です。

❶以下のURLから専用フォームに必要事項をご記入ください。
❷自動返信で、監修の先生の連絡先をお送りします。
❸お客様が直接、先生の連絡先にお申込みください。

無料相談の登録フォームはこちら
https://resast.jp/inquiry/ZWYzYjQ1Zjg0O

※記入いただいた情報は、著者・監修者・出版社で共有することがあります。同意の上、お申込みください。
※無料相談は、各先生に対して1回（初回）です。その後は有料になります。
※無料相談は予告なく終了することがあります。お早めに活用ください。